치야 인형

치야 인형

임경희 수필집

수필과비평사

■머리말

다시 초심으로

글쓰기에 발을 디뎠다. 문외한이었지만 여태 해왔던 어려운 작업도 다 해냈는데 설마 못하랴 싶어 시작하고서 한동안 후회했다. 바느질도 베끼듯 본을 보고 한 땀 한 땀 수를 놓고, 목공도 소품 제작도가 있으니 그리 어려울 일은 아니었다. 그런데 수필은 베낄 본도 제작도도 없으니 스스로 만들어가야 했다.

펜을 들었다가 놓기를 반복하지만 결국 글을 쓰지 못할 때도 있었다. 겨우 쓴 문장 하나를 두고서 오래도록 고민했다. 시작한 일은 한 번도 중도 하차한 적 없이 이어왔지만 글쓰기만큼은 참으로 힘든 작업이었다.

다 놓고 싶었다. 아무리 노력해도 안 된다는 생각이 들기 시작할 즈음 나를 붙잡아 준 벗이 있었다. 놓을만하면 붙잡아준 덕에 지금 데뷔 17년, 아직도 노심초사하며 초심으로 펜을 들어 글쓰기를 하고 있다.

글을 쓰다 보면 급함도 내려놓게 되고 모난 마음도 둥글어간다. 잘못된 마음이거나 화난 마음도 글을 쓰면 진정되고 정화되는 것이 참 희한하다. 그것이 곧 글쓰기의 매력이 아닐까 싶다.

내 나이 이순(耳順)을 넘어섰다. 이순은 무슨 말을 들어도 이해하게 되고, 또한 남의 말이 귀에 거슬리지 않으며, 너그러운 마음으로 관용하는 경지를 말한다. 공자는 육십 넘어서 이순의 경지에 도달했다고 한다. 하물며 성인인 공자도 그럴진대 아직 나는 그 경지에 도달하기까지 꿈도 꾸지 못하지만 노력한다는 것에 의미를 두고 산다.

수필집을 내려 내심 바빴다. 걸음마 시절부터 지금까지 변함없이 지도해주신 강돈묵 교수님께 깊은 감사를 드린다. 또한 책을 낼 수 있도록 도움을 준 오랜 벗에게도 고마운 마음을 전한다.

2023년 가을

임 경 희

■차례

2부 못난이 삼형제

3부 적과의 동침

4부 황금송

1부

새벽을 여는 사람들

몽돌

"차르륵, 차르륵."

열기로 데워진 해변에 앉아 몽돌 한 무더기를 손에 쥐어 바다에 던진다. 작고 둥글납작한 몽돌이 포물선을 그리며 하늘을 날다가 하얀 물거품을 일으키며 바닷속으로 가라앉는다. 던지기를 반복하다 주위를 둘러보니 옆의 사람도 나처럼 똑같은 행동을 하고 있다. 나만 그러는 것이 아니란 생각에 웃을 처지가 아님에도 피식 웃고 만다.

가끔 마음이 답답하거나 어려운 문제가 생기면 바다도 볼 겸 이곳에 와 돌 던지기를 한다. 그 행위가 문제를 해결해주는 건 아니지만 마음을 가라앉혀줌에는 틀림이 없다. 한참을 그리고 나면 어느 사이 격앙된 마음이 가라앉고 차분한 본연의 나로 돌아온다.

참고 잘 왔다는 생각도 이때쯤 하게 된다. 오늘도 속상한 마음에 하던 일을 놓고 운전대를 잡았다. 이대로 있다가는 큰소리를 낼 것은 분명하고 그 끝은 늘 참지 못했다는 자책감으로 마무리된다. 밖에 나와도 딱히 갈 곳이 없다. 극도의 흥분된 감정으로 사람을 만나는 것은 무조건 피해야 한다. 누군가에게 정화되지 않은 나의 감정을 마구 드러낼 것은 자명한 일이다. 날을 세워 퍼붓는 화살을 맞는 사람은 얼마나 고역일 것인가.

돌 던지기에 싫증나면 자연스럽게 돌 만지기가 시작된다. 한 움큼 집어 장난을 친다. 큰 돌부터 작은 돌까지 차례로 탑 쌓기를 한다. 쌓았다 허물고 쌓았다 또 허문다. 이번에는 공깃돌 놀이를 해 볼까. 다섯 알을 맞추려고 돌무더기를 헤집는다. 그런데 아무리 살펴보아도 똑같은 돌이 없다. 비슷비슷한 돌은 많아도. 다섯 알을 포기하고 무더기로 공깃돌 놀이를 한다. 손등에 올라온 돌이 거의 떨어지고 몇 알만 남는다. 남은 알로 수명을 점친다. 첫 번째는 세 알이 손등에 남았다. 세 알, 다음은 다섯 알. 앞으로 팔 년은 더 살겠구나. 인간의 본능이라고 자꾸 반복하며 알을 세다 보니 어느 사이 백 알이다. 좀 전까지 뭣 하러 사나 신세 한탄하며 울상을 짓지 않았던가.

또 웃음이 난다. 마음이 좀 가라앉았나 보다. 어쩜 이리도 둥글둥글 예쁠까. 크고 작은 돌이 포개고 포개어 서로를 토닥토닥 안아주는 것 같다. 모난 것 없이 매끈매끈하다. 이렇게 되기까지 얼마나 많은 시간을 깎이고 깎이며 닳고 닳아 둥글납작해졌을까. 한 덩어리였던 큰 돌이 파도에 쓸려 부딪히면서 깨지고 또 깨져 지금의 모양을 갖추었을 터, 처음부터 둥글둥글은 아니었을 것이다. 모난 돌 조각과 조각이 서로 부딪히면서 크고 작은 생채기를 내며 얼마나 아팠을까. 그런 중에도 서로 안아주고 쓸어주며 상처를 치유했겠지.

이기심일까. 내 영역만 부여잡는 고집불통이라서 일까. 이치를 거슬러도 남들이 가는 대로 가면 쉬운 길일 텐데. 옳지 못한 것을 보면 무작정 화가 난다. 누군가와 맞서는 일도 먼저고 옳고 그름을 가리는데도 먼지다 보니 늘 나만 다친다. 겉으로는 태연해도 마음의 상처를 입고 한동안 자괴감에 빠져 허우적댄다. 그 아픔이 보통이 아니다.

언젠가 마음의 상처를 받고 힘들어할 때 남편이 한마디 던지고 나가버렸다. 이 사람아, 허허 웃으며 살아도 짧은 인생인데 뭐 그리 복잡하게 생각하느냐. 대안이 없을 때 굳이 해결하려고 머리 싸매지 말고 그냥 웃는 게 어떠냐고. 얼른 반기를 들었다. 여태 그리 살지 않았고 성향이 그러한데 하루아침에 마음 바꾸는 것이 그리 쉬운 일이냐며 속사포를 쏘았다.

말은 그렇게 했지만 편치가 않았다. 너무 날 선 방식으로 상대방을 몰아붙인 건 아닐까. 모난 말투에 상처를 받은 상대방도 고운 시선으로 나를 대할 수 없었을 것이다. 인상을 쓰고 딱딱하게 말하기보다 차분하고 둥글둥글하게 얘기했어야 했다. 조곤조곤 대화해 이해를 구하면 될 일. 상대방 입장을 잠시라도 생각했더라면 이곳까지 와 생각하는 시간을 안 가져도 될 일이었다.

그래, 남편 말처럼 웃어볼까. 실없이 웃는 나를 보면 남들이 뭐라 하겠지만 허허 웃는 연습을 해 본다. 진짜, 웃음이 나오네. 웃을 수 있네. 남이 잘못한 일을 그냥 웃어넘기는 사람은 성격이 좋아서라고 했다. 몽돌을 닮아야겠다. 몽돌처럼 둥글둥글 살아가야겠다. 그러려면 얼마만큼 이곳 해변을 찾아와 예쁘고 앙증맞은 몽돌과의 시간을 가져야 할는지.

제자리에 살포시 몽돌을 내려놓는다. 무거운 마음도 함께.

배산임수를 꿈꾸며

몇 해 전, 앞으로 바다가 훤히 보이고 뒤로는 아름드리 소나무가 줄지어 서 있는 산 아래 원하고 원했던 아담한 터를 장만하게 되었다. 풍수 전문가가 배산임수라고 한 것에 영향이 컸지만 보는 순간 무척 마음에 들었다.

이곳이다 싶어 덥석 계약부터 했다. 때가 되면 집을 짓겠다는 생각이었다. 그동안 키우기 쉬운 작물을 길러 먹자 하여 묘목을 심고 씨를 뿌렸다. 기쁨도 잠시, 농작물을 둘러보러 가니 짐승들의 낙원이 되어있었다. 남의 터전에 들어와 제 맘대로 구는 그들이 밉상이었지만 당분간이란 단서를 붙이며 그들에게 이곳을 내어주고 조금의 수확만 챙겼다.

시간이 흐르고 계획을 실행하기로 했다. 아담하고 예쁜 집을 지어야지. 아는 분을 통해 전반적인 도움을 받으며 설계를 냈다. 시작하고 보니 마음이 조급해졌다. 하루라도 빨리 집을 지어 안착하고 싶었기 때문이다. 그러나 쉽사리 일이 진행되지 않았다. 애가 탔다. 수개월이 지나고 나서야 겨우 허가가 떨어졌다.

작업에 들어갔다. 새들과 멧돼지, 고라니의 낙원을 정리하자니 마음에 걸렸지만 세도 받지 않고 수년을 살게 했으니 원망은 안 하리라 위안 삼았다.

중장비가 들어와 작업을 시작했다. 밭에 놓여있던 돌무더기부터 옮겨야 했다. 크고 작은 돌들이 중장비에 의해 치워지고, 유자나무를 비롯하여 주변의 나무를 옮기고 나니 제법 근사한 터로 탈바꿈하기 시작했다. 하루라도 빨리 작업을 마치고 싶어 수시로 잔일을 거드느라 온몸은 상처투성이다. 온몸을 써야 하는 노동을 해본 적이 없는 데다 일머리마저 없었으니 어찌 몸이 성할 것인가. 앓아눕기라도 하면 큰일이다 싶어 경비가 조금 더 들더라도 사업주에게 일을 다 맡기기로 했다.

그러다 보니 자연스레 현장 가는 일이 뜸해졌다. 믿고 맡긴 일이니 당연히 잘해가고 있을 것이라 믿었다. 열흘이 지나고 궁금해 간식을 들고 가보니 기가 막힐 뿐이었다. 진척이 없었다. 하루면 다 할 일을 일주일이 되도록 마무리도 하지 못하고 있었다.

앞서 토목으로 기반을 다져 놓았으니 어려움 없이 빠르게 진행되리라 했던 것은 나의 착각이었다. 일하는 사람들이 따라주지 않으니 시간은 시간대로 흘러가는 데다 계획에 없던 공사비까지 요구하는 것이 아닌가. 그말을 들어주지 않으니 아예 공사를 중단해버렸다. 도대체 무슨 상황인지 알 길이 없었다. 모든 일은 절차에 따라 계약하고 공사비를 지급했는데 또 돈을 달라고 하니 난감하고 울화가 치밀었다.

속앓이를 있는 대로 하던 중 이상한 소문이 들려왔다. 한걸음에 달려가 보니 사실이었다. 지급한 공사비를 인부들 임금으로 지급하지 않고 향음에 몽땅 날려버린 것이다. 사정이 그러하니 일당을 받지 못한 인부들이 떠날 수밖에. 그간 사정도 해보고 달래가며 이 시간까지 왔지만 더는 상종 못 할 사람이다 싶어 단칼에 내쳤다. 비앙심적이고 인간성이 나쁜 그 사람을 다시 받아들여 일을 끝맺고 싶은 생각은 추호도 없었다.

이 일로 병이 생겼다. 믿음이 깨진 것이다. 마음의 상처가 컸음이다. 모두가 그렇다는 생각은 아니어도 사람을 믿지 못하는 불신이 생겨 일단 의심부터 하고 보았다. 마음먹은 대로 되지 않는 것은 사람이 하는 일이기 때문이라 생각한다. 기준이 다르고 성향도 다르니 오해가 생길 수 있음이다. 그렇지만 작정하고 생떼를 부리며 일을 하지 않는 데는 도리가 없지 않은가.

미완성인 채 정지된 터전을 둘러보니 을씨년스런 바람이 휑하니 불었다. 내 마음도 그랬다. 그래도 다잡고 다시 시작해야지. 새로운 사업주를 소개받아 일을 시작했다. 하루가 다르게 형태가 잡혀갔다. 쉽게 일 층이 완성되고 또 이 층이 자릴 잡아갔다. 정원을 만들고 텃밭도 아담하게 건물 옆으로 꾸몄다. 드디어 꿈에 그리던 터에 아름다운 보금자리가 들어앉았다. 그간 마음의 상처는 컸지만 오랜 염원이었던 배산임수가 그 상처를 보듬어 안아주니 마음이 풀렸다.

키우던 몇 그루의 나무는 정원수로 옮겨왔고, 보관해온 여러 가지 씨앗은 싹을 터 텃밭에서 잘 자라고 있다. 익숙한 듯 당연한 듯 나뭇가지에 날아드는 새들이 반갑다. 가끔 고라니와 멧돼지도 들러 야금야금 배를 채우고 간다. 괜찮다. 내가 무심하니 그들도 그다지 경계를 하지 않는다.

너무 좋다. 긴 시간을 보내고 이제야 의자에 앉아 바다를 내려다본다. 얼마만의 한가로움이던가. 배산임수, 한동안 막혀 답답했던 숨통이 탁 트인다.

바깥 놀이

바깥 놀이 계획을 짠다. 어느 장소가 좋을지 미리 사전답사를 해 두어야 한다. 여간 신경 쓰이는 게 아니다. 아이들에게 도움이 될 것인지, 멀어서 아이들이 지치지는 않을지, 위험성은 없는지 꼼꼼하게 체크해야 한다. 이 모든 것이 바깥 놀이를 위한 준비과정이다.

소풍이나 견학, 현장학습이라는 이름의 바깥 놀이는 아이들에게 교육적인 측면에서도 중요하지만 정서적인 측면도 못지않다. 교육적인 차원에서 고성의 공룡 발자국의 화석지나 거제의 조선소는 좋은 학습장이 된다. 더러는 넓은 자연 속에서 자유로움을 마음껏 누리게 하는 것도 좋을 것이다. 아이들의 가슴에 세상의 아름다움을 심어주고 싶다.

바깥공기를 쐬여주면 아이들은 환호성을 지르며 달린다. 토끼가 된 듯 깡충거리며 좋아한다. 모처럼의 나들이에서 키 작은 들풀의 다소곳함도 배울 것이고, 드넓은 대지에서 춤추듯 나는 나비의 춤사위에 눈이 빤짝거릴 것이다. 이 모두가 학습의 연장이다. 그러나 아이들의 마음을 늘 채울 수는 없다. 일 년에 몇 차례로 한정되어 있기 때문이다.

그래서 옥상에 놀이터를 장만했다. 자주 못 가는 바깥 놀이를 대신 할 수 있도록 말이다. 뛰어놀다 보면 아이들 나름대로 쌓인 스트레스를 풀 수 있을 것이다. 맑은 하늘을 바라보기에 막힘이 없어 좋을 테고, 주위의 전경이 한눈에 들어오니 답답함을 풀기에도 그만일 것이다.

옥상 구석의 자질구레한 물건들을 깨끗이 치우고 아이들이 좋아하는 놀이기구로 꾸미기 시작했다. 미끄럼과 줄타기, 정글짐과 소꿉놀이, 아이들이 탈 수 있는 자동차를 들여놓았다. 가장 중요한 건 안전이니 위험한 요소는 없는지 세세히 살폈다. 마지막으로 미끄럼 슬라이드를 놓았다. 드디어 아이들을 위한 놀이터가 완성된 것이다.

왁자지껄한 소리와 함께 아이들이 앞 다투어 올라온다. 환호성을 지르며 펄쩍펄쩍 뛴다. 미끄럼틀이 재미있다고 하는 아이. 늑목이 재미있다고 하는 아이. 정글짐이 좋다는 아이들이 제각기 놀이기구 앞에 섰다.

차례를 기다리며 질서를 지키는 모습이 대견스럽다. 게 중에는 빨리 타고 싶어 질서를 지키지 않는 아이도 있다. 한 살 많은 큰아이가 차례를 지켜야 한다며 타이른다. 나름 아이들 세계에도 규칙이 있음이다. 바깥 놀이를 통해서도 배우고 익히니 산 교육이 아닌가.

아이들이 내 팔을 잡고 흔든다. 놀이터에 언제 가냐며 보챈다. 원내에만 있으니 답답한 모양이다. 한창 뛰어놀아야 할 아이가 마음껏 놀지 못하니 오죽 답답할 것인가. 당장 바깥 놀이할 계획을 세운다. 먼 곳이 아닌 옥상이니 점심과 간식을 챙길 필요가 없다. 근래 비가 자주 와 며칠 동안 놀이터에 못 나갔다. 비에 젖은 시설들을 깨끗이 닦아낸다. 옥상 놀이터라 좁지만 한 차례라도 아이들이 마음껏 뛰어놀 수 있어 좋다.

꿈을 꾼다. 아이들을 가르치고 보살피는 직업을 가졌으니 최선을 다해 그들에게 사랑을 전하는 꿈을. 바르게 성장하기를 바라고 한 아이도 좌절하는 일이 없도록 지켜주고 싶은 꿈. 아이들이 무엇을 원하는지, 어떤 놀이를 하고 싶어 하는지, 때때로 혼자 노는 아이의 마음까지도 읽어내는 꿈을.

넓은 대지에 푸른 잔디를 심어 아이들을 마음껏 뛰놀게 하고 싶다. 한쪽에 텃밭을 만들어 채소를 가꾸는 아이들을 떠올려 본다. 흙장난을 치며 소꿉놀이를 하고 맨발로 땅을 밟을 수 있는 공간을 만들고 싶다. 엎어져도 생채기를 남기지 않는 놀이터를 만들고 싶다. 벌써 마음이 뜨거워 온다. 속에서 나오는 열정이다. 꼭 꿈을 이루고 싶다.

지금은 비록 소소하지만 이마가 젖도록 놀이에 여념 없는 아이들 얼굴에 미소가 가득한 것을 바라보는 흐뭇함이 나를 버겁게 하는 하루다.

삼 배를 하며

산길을 오른다. 호로록, 호로록. 지저귀는 산새 소리가 정겹다. 보이지는 않지만 여느 나뭇가지에 앉아 노래를 부르며 나를 반겨 주는 것 같다. 한발 한발 옮길 때마다 스치는 바람에 마음이 맑아진다. 길가에 핀 작은 들꽃이 수수하다. 그런데도 예쁘다. 화려함은 없어도 시선을 끌게 하는 멋스러움이 있기 때문이 아닐까.

오르막이지만 발걸음이 가볍다. 산사를 향하는 즐거움이 보태진 덕분이다. 일구월심 가족을 위한 염원으로 걷다 보니 앞의 사람들을 몇이나 제쳤다.

경내에 들어선다. 법당 쪽으로 고개를 숙여 인사를 올린다. 목탁 소리가 가까이 들려온다. 작은 법당에 발을 디딘다. 겨우 서

너 사람이 절을 할 수 있는 좁은 공간이다. 스님이 불공을 드리고 있다. 목탁 소리에 맞춰 나 또한 삼 배를 올리며 예불에 동참한다.

자리에 앉아 스님의 뒷모습을 본다. 한 치의 흐트러짐도 없다. 나의 시선은 절하는 스님의 움직임대로 따라간다. 절할 때 손을 짚은 곳에 너덜거리는 방석이 있고 도포 자락의 끝부분이 닳아 있다. 사치라곤 한 군데도 찾아볼 수가 없다. 욕심도 그 무엇도 다 내려놓은 듯하다.

무엇을 위하여 쉬지 않고 절을 하는 걸까. 속세의 모든 죄를 사하여 달라는 것일까. 숙연하다. 백팔 배를 하는 나는 벌써 팔도 아프고 무릎이 후들거려 멈추고 싶어진다. 참고 꼭 이겨내리라 입을 굳게 다문다. 지칠 만도 하건만 스님의 모습은 처음 본 그대로여서 나 역시 경건함으로 백팔 배를 마쳤다.

스님의 나이가 가늠이 안 된다. 젊어 보이긴 하는데 일반사람들과 비교하기가 어렵다. 애처로운 마음이 든다. 젊어 보이니 더 그런 모양이다. 어쩌다 힘든 길을 걷게 된 것일까. 결코 쉬운 길이 아닌데. 더구나 젊은 나이에 출가의 길을 들어서기란 정말 어려운 일이지 싶다. 바깥세상이 궁금할 때도 있을 테고, 지나온

속세의 시간이 왜 생각나지 않을 것인가.

끊어내려 힘들었을 것이다. 수없이 기도하고 염불하며 본연의 나를 찾기 위해 밤을 밝혔을지도 모를 일이다. 나를 다스리며 또한 모든 중생을 위해 기도드리며 깨달음을 향해 끊임없이 나아가겠지.

흔들림 없이, 꾸밈 없이, 가식 없이 오로지 목탁을 치며 절하는 스님. 날이 저물어 모두가 떠나가고 없는 빈 법당에서 여전히 수행하고 있을 스님을 떠올린다. 육신의 고통을 견디며 오로지 중생의 교화와 진리를 위하여 기도하고 있을 스님의 뒷모습에서 또 한 사람을 떠올린다.

양손에 나무토막을 쥐고 일정한 리듬에 맞춰 딱딱 소리를 내며 걸어가는 천도 교인이다. 오가는 사람들이 그 사람을 보는 시선이 곱지 않음을 느꼈다. 나 역시도 뭐 하는 사람일까 의문을 가지며 색안경부터 끼고 보기 시작했다. 도대체 왜 저러고 다니는 걸까. 일반 사람들이 이상한 눈빛으로 쳐다본다는 걸 알고 있을까.

정신이 나가서도 아닌 것 같다. 옷매무새도 말끔하다. 나무를 두 손에 쥐고 탁탁 치며 계속 걷는다. 쉬지 않고 걷기만 하니 혹여 다리가 아프지 않을까 걱정이 될 때도 있었다. 매일 아침 같은 시간, 같은 장소에서 몸에 띠를 두르고 두 손에 나무토막을 마주 치며 걷는 것이 쉬운 일은 아닌데. 매일 한결같은 모습으로 같은 시간에 항상 그곳을 지나다 보니 본의 아니게 한동안 그 사람에게 정신을 팔고 있었다.

자세히는 모르지만 그분도 세상 사람들에게 자신의 죄를 회개하고 선하게 살라는 말을 전하러 다니는 전교인이라 들었다. 나보다 먼저 우리를 생각하고, 모든 이들을 위해 희망과 사랑을 전하는 이가 아닌가 싶다.

자신이 저지른 잘못을 회개하지 않고 마냥 살아가는 이도 많다. 어쩌면 나 역시 내가 저지른 죄를 느끼지 못하고 살아가는지 모른다. 나의 이기심을 본다. 나만 잘되자는 욕심을 쉽게 떨쳐내지 못한다. 그런 것 때문에 고심한 때가 한두 번이 아니다. 이 모두가 지나친 욕심 때문이다. 그걸 느끼면서도 떨쳐내지 못하는 것은 다름 아닌 내가 인간이기 때문일 것이다

어느 순간 거리에서 뵙는 그분을 허투루 보기보다 자꾸 이해하고 그 심정을 알아가는 쪽으로 가고 있는 나를 발견했다. 나 자신을 돌아봐야겠다. 도와주지는 못하더라도 남의 가슴을 아프게 하거나 해를 끼쳐서는 안 된다. 겸허한 마음을 갖고자 한다.

온갖 욕망을 걸러 내버리자. 나보다 다른 이를 먼저 생각하고 또 소외된 사람을 생각하는 마음을 가지자 한다. 고스란히 자신을 내어주어 모든 이들에게 사랑을 전하는 젊은 스님과 매일 거리를 걸어가며 인류를 위해 기도하는 천도 교인처럼.

절을 한다. 일 배에는 사랑을 담고 싶다. 이 배에는 희망을 담고 싶다. 삼 배에는 고통과 번뇌를 지우는 정淨한 마음을 담고 싶다. 어두운 기운을 떨쳐버리기 위해 오늘도 백팔 배 절을 하며 마음을 다잡아 본다.

낡은 가계부

방안을 둘러본다. 군더더기 없이 잘 정리되어 깔끔하기만 하다. 군데군데 색이 바랜 벽지와 장판이 세월의 무상함을 말해 주고 있다. 아버님의 온기가 아직 남아 있는 것 같아 울컥 목이 멘다. 무엇부터 해야 할지. 생각과 달리 선뜻 손이 가지 않는다. 오랜 세월 손때 묻어 헐고 낡아버린 물건들을 치워내는 작업은 곧 이별을 의미하기 때문이다.

옷장이 눈에 들어온다. 서랍을 여니 속옷과 양말이 가지런히 정리되어 있다. 옷장 속에도 외출용 모자, 목도리와 장갑, 외투와 일상복들이 옷걸이에 잘 걸려 있다. 흐트러짐 없는 정갈하신 아버님의 성품이 곳곳에 배어 있음이다.

오래되어 칠이 벗겨진 책꽂이에 눈길이 간다. 아버님이 즐겨 보시던 책들이 꽂혀있다. 틈날 때마다 책장을 넘기시던 모습이 눈에 선하다. 수십 년의 역사가 기록되어 있는 가계부가 여전히 그 자리에 꽂혀있다.

가계부 하나를 꺼내 책장을 펼친다. 힘주어 꾹 눌러쓴 아버님의 필체가 눈에 익다. 하루하루 지출된 품목 옆에 단가와 수량이 원 단위까지 정확하게 기록되어 있다. 자녀들이 보내온 용돈 하나하나도 빠짐없이 적어놓아 누가 얼마를 드렸는지 알 수 있다. 삼십 년 전 쌀 한 포 가격이 얼마였는지를 비롯하여 그 시절 물가를 알아보려면 온갖 기록들이 다 들어있는 아버님의 가계부를 열어보면 된다.

매일매일 빠짐없이 쓴 가계부만 봐도 평소 아버님이 어떻게 생활해 오셨는지 짐작이 간다. 얼마나 꼼꼼하게 살림을 사셨는지. 십 원 하나도 헛되게 쓰신 적이 없다. 평생 근검절약이 몸에 배셨다. 한겨울 추위에도 보일러 트는 것을 아끼셨다. 또 수돗물이 얼까 하여 한 방울씩 틀어놓는데, 그마저 모아 설거지통이나 세탁실 물통에 담아두고 유용하게 쓰신다. 아버님의 일상이 그러하셨으니 자녀들은 고역이었다. 젊었을 때야 가족 건사하느라 허리띠를 조를 수밖에 없었다. 하지만 이제 자식들을 다 키웠으니 그만 좀 느슨하게 사시라 입을 모은다. 그런데도 아버님은 꿈쩍도 들은 체도 않고 평소대로 하신다. 경제적인 어려움은 없어도 그렇게 살아온 습관을 하루아침에 내려놓기는 쉽지 않을 터였다.

아흔여섯까지 사셨으니 장수하셨다. 흐트러짐 없이 적당한 긴장감으로 늘 깨어있었고 식사도 소식하여 병치레 없이 사셨다. 사고만 없었더라면 백 세를 넘기고도 강건하셨을 것이다. 그 연세에도 이른 아침에 운동을 겸한 산책을 하시고 일도 직접 보셨다. 여느 날처럼 은행 일을 보러 나갔다 교통사고를 당하셨고 그 길로 세상을 떠나셨으니 애통함은 말로 다 할 수 없었다.

장례를 치르고 온 남편이 달라져 간다. 알뜰함을 지나 자식들에게 야박하기까지 했다며 그런 아버지를 나는 절대로 닮지 않겠다며 다짐하고 또 다짐하지 않았던가.

나서부터 아버님의 근검절약 정신은 한창 사춘기 때 남편의 마음을 상하게 했다. 늘 모자랐던 용돈도 그렇고, 수돗물 쓰는 것까지 참견하시고, 화장실의 전등을 켜놓고 깜빡할 때도 따라다니며 일일이 소등하고 나무라시는 아버지가 불만이었으니 속으로 화가 쌓일 수밖에 없었을 것이다. 그러나 가족 건사에 평생 당신은 하고 싶은 일 한번 하셨을까. 좋은 것은 자식들 입으로 들어가고 정작 당신은 쳐다보며 속으로 배불리 먹이지 못함을 오히려 가슴 아파하셨을 터. 그렇게 사신 덕분에 넉넉하지 못한 살림살이지만 남에게 돈 한 푼을 빌리지 않고 자식 다섯을 공부시키고 결혼시켜 살림까지 내주었으니 참 감사한 일이 아닐 수 없는데, 정작 남편에겐 그 시절이 고난이었나 싶다.

그런데 점점 남편에게서 아버님의 모습이 보이니 참 아이러니다. 살림살이에 참견 한번 없던 사람이 자꾸 잔소리다. 부엌에 와서 하는 잔소리는 귀에 딱지가 앉을 판이다. 냉장고에 있는 음식을 제때 못 먹으면 버려야 한다며 잔소리는 극에 달한다. 이러쿵저러쿵 일일이 따져 물으니 부아가 난다. 나도 잘못했음을 인정한다. 나이를 먹으니 일에 지쳐 손을 못 쓸 때가 있어 버려지는 것도 제법 된다. 하지만 그런 것은 눈감아 줄 만도 한데 지나치지 못하는 것을 보면 아버님 아들이 확실한 것 같다.

이참에 남편에게 가계부를 넘길까 싶다. 썼다 말았다 하여 살림살이가 어떻게 돌아가는지 파악이 잘 안 되는 데다 세세한 작은 일에 신경을 못 쓰는 성격이니 몽땅 넘겨서 복잡한 머리도 식히고 홀가분하고 싶다. 남편 또한 직접 살림살이를 살아보면 아버님의 삶을 한 번 더 생각할 것이고 주부의 애로사항도 좀 알아주지 않을까.

아버님의 낡은 가계부가 새것으로 바뀌어 남편에게로 쭉 이어가면 참 좋겠다.

걸음마

두 팔을 벌리고 넘어질 듯 말 듯 아장아장 걸어오는 딸아이를 바라본다. 한걸음 또 한걸음 발을 떼며 내게 다가와 마침내 품속으로 쏙 들어온다. 감격에 복받쳐 눈시울이 붉어진다. 답답함에 바둥거리며 벗어나려는 아이를 한동안 꼭 껴안고 있었다.

그간 괜히 조바심을 냈나 보다. 제대로 성장하고 있는지 육아책을 들여다보기도 하고, 이웃집 아이와 비교도 했다. 생일이 조금 앞선 이웃집 아이가 먼저 걸음마를 시작했다. 애가 쓰였다. 돌이 다가오는데 걸을 기미가 없는 딸아이를 억지로 일으켜 세웠다. 걷도록 여러 차례 시도를 해봤지만 그럴 때마다 한 발짝도 못 떼고 주저앉아버렸다. 돌 선물로 친척들에게 걸음마를 보여주려

했는데. 속상했지만 마음을 내려놓아야 했다.

그런데 놀라운 일이 일어났다. 돌을 며칠 앞두고 벌떡 일어서더니 한 발짝 걸음을 떼는 게 아닌가. 걸음마를 시작한 딸아이가 너무 신기해 신발을 신겨 집 마당에 나갔다. 하루라도 빨리 잘 걷기를 바라는 마음에 멀찍이 물러나 아이를 불렀다. 내려놓으니 주저앉아 일어서지를 않았다. 환경이 바뀌니 겁이 났던 모양이다. 다시 한참을 서 있더니 겨우 발을 떼었다. 그러나 몇 걸음 못 가고 넘어져 버렸다. 시멘트 바닥에 얼굴과 무릎이 까져 피가 났다. 딸아이가 울기 시작했다. 더는 걸음마를 하려고 하지 않았다. 이제 막 첫걸음을 시작한 아이에게 멀찍이 서서 빨리 걸어오라고 성화를 부린 내 잘못이었다.

딸아이는 겁이 많았다. 피아노 경연대회, 미술대회에 나가기 위해 연습을 했음에도 좋은 결과를 못 낼 것이라며 참가하지 않겠다고 떼를 썼다. 망설이다 막상 대회에 나가면 늘 우수한 성적을 받는 데도 떨어지면 어쩌나 미리 걱정부터 했다. 그런 아이에게 할 수 있는 일은 자신감을 심어주는 거였다. 힘들어할 때마다 용기를 주고 희망을 심어주었다. 시간이 흐르니 딸아이가 많이 좋아졌다. 어떤 일이든 스스로 걸음을 떼기 시작했다. 어느 순간 딸아이 앞에 내가 서 있지 않아도 잘 걸었다. 비로소 자신감이 생긴 것이다.

지금 딸아이는 또 다른 걸음마를 시작하고 있다. 지쳐 힘들어 할 때도 마음이 타들어 가고 안쓰러웠지만 속으로 삭일 뿐 내색하지 않았다. 어려움 속에서도 딸아이는 삼 년 만에 대학을 졸업하고 대학원에 입학했다. 끝까지 해내어 꼭 수학자가 될 것이라 한다.

여기까지 오면서 참 힘들었다. 조기 졸업이 그리 쉬운 일은 아니기 때문이다. 오직 공부에만 전념해온 결과가 아닌지. 놀고자 하는 유혹도 있었을 것이고, 편한 잠도 자고 싶었을 것이다. 그 모든 것을 이겨내고 수석 졸업을 했으니 참 대견하다.

멈추지 않고 늘 도전하는 아이를 보며 나 역시 홈패션을 시작했다. 그간 시간이 나지 않아 미루고 있었는데 잠시 일을 놓고 있는 지금이 기회다 싶어 시작했다. 손으로 바느질하는 것은 자주 해서 자신이 있었다. 비슷한 일이겠거니 했는데 쉽지 않았다. 바늘이 원하는 대로 가지 않고 엉뚱한 방향으로 가고 있다. 바늘을 탓할 게 아니라 손이 정도를 가지 못하고 중심을 지키지 못하니 그럴 수밖에. 어느 정도 연습하면 나아져야 하는데 도통 진전이 없었다. 자꾸 틀어지고 지그재그가 되니 짜증이 나 그만두어야 하나 고민되었다. 딸아이 얼굴이 떠올랐다. 그동안 얼마나 많은 눈물을 흘리며 여기까지 오느라 최선을 다했을 터인데 엄마인 내가 조금 힘들다고 중도에 포기하면 안 될 일이다.

초급에서 시작하여 어느 사이 고급과정까지 올랐다. 재봉 일이 한결 수월해졌다. 소품인 발 매트에서부터 시작해 화장지 덮개, 쿠션, 식탁보, 대형 이불, 커튼까지 만들어 집안 곳곳에 놓았다. 튼튼이 만든 작품을 가까운 지인들에게도 나눠주니 너무 좋아했다.

이 작품들이 그냥 생긴 건 아니다. 그동안 수없이 바늘에 찔려 피를 흘렸는지 모른다. 붉은 피가 하얀 천에 뚝뚝 떨어질 땐 나도 모르게 눈물이 흘러내렸다. 그래도 잠시였다. 볼품없는 천에 불과했던 조각조각들이 나의 손을 거쳐 여러 가지 작품으로 탄생할 때의 기쁨은 손에 난 생채기의 아픔을 충분히 감싸고도 남았다. 첫 작품에서 오늘 만든 작품까지 차례로 배치를 해 본다. 갈수록 태가 나고 맵시도 좋아 보인다. 해냈다는 자신감이 나를 미소 짓게 만든다.

딸도 나도 새로운 도전을 위해 서툰 걸음마를 시작하고 있다.

언젠가는 씽씽 달릴 날이 머지않았음을 생각하며 오늘도 딸은 연필로 쓱쓱 문제를 풀고, 나는 재봉틀로 드르륵 드르륵 작품의 모양새를 잡아간다.

새벽을 여는 사람들

여명이 찾아오는 새벽이다. 대문을 나선다. 특별한 일이 있어서가 아니다. 이른 시간에 거둬가는 쓰레기를 미리 갖다 놓기 위해서거나 혹은 대문에 던져진 신문을 가지러 나가기 때문이다.

한 아이가 보인다. 초등학교 사오 학년쯤 될까. 자전거에 신문 뭉치가 가득 실려 있으니 배달을 하는 모양이다.

저 아이 부모는 어떤 사람일까. 문득 궁금해진다. 아직 어린아이인데 신문 배달하는 것을 말렸을까. 아니면 기꺼이 허락했을까. 형편이 안 좋아서 보탬이 되려 고집부리는 아이의 말을 은근슬쩍 묵인했을까. 아닐 거다. 자립심을 길러주기 위한 한 방법으로 이 일을 시켰을지 모른다. 그렇다면 참 대단하다는 생각이 든다.

새벽부터 일어나 신문을 배달하려면 웬만한 각오 없이는 힘들 것이다. 이른 새벽에 혼자 일어나기가 얼마나 어려운 일인데. 자꾸 이 아이에게 마음이 쓰인다. 지금 시간보다 더 이른 때에 잠을 깼을 것이다. 우리 아이들은 물론이고 여느 아이들도 단잠을 자고 있을 시간이다. 숨을 푸푸 내쉬며 자고 있을 아들 녀석이 떠오른다. 혹 무슨 일로 깨우면 일어나기는커녕, 짜증을 내며 돌아눕고 만다. 먼저 지치는 쪽은 나다. 깨우기를 서너 차례, 그러다가 오히려 내 쪽에서 손을 들고 만다. 나 역시 강하게 아이들을 키우자 생각하면서도 애처로움에 마음이 약해져 흐지부지 끝나고 만다.

한 소년의 얼굴이 떠오른다. 야무지고 단단해 보이는 소년의 얼굴이 빨갛게 상기되어 있다. 유년의 아버지다. 친정아버지는 어린 나이에 객지 생활을 하셨다. 중학생이 되면서 서울로 상경하여 고학을 했다. 일하며 학교에 다니는 것이 결코 쉬운 일은 아니었을 것이다. 학비를 스스로 벌어야 함은 물론이거니와 더욱더 시급한 문제는 끼니를 잇는 것이었다. 새벽부터 일어나 신문 배달을 했다. 또 공부를 마치고 늦은 밤 전철이 끊어질 때까지 신문

파는 일을 하루도 거르지 않았다. 끼니를 잇기 위해 중화요리 집에서 배달한 적도 있었다고 한다. 그래서 그런지 아버지는 지금도 중국 음식을 입에 대지 않는다.

아버지의 정신력은 어디에서 나온 것일까. 오갈 데 없는 설움과 부모님과 떨어져 살아야 하는 힘든 상황에서도 학업을 마쳐야 한다는 생각이 아버지를 강하게 만들지 않았을까. 어릴 때부터 늘 달리기만 해서였는지 고등학교 때는 마라톤선수 생활을 하며 상도 여러 차례 받으셨다.

아버지에겐 천천히 걷는 것도 사치였는지 모른다. 힘든 삶을 잘 살아온 아버지였기에 지금의 내가 존재하는지 모른다. 때론 강한 때론 여린 아버지의 속내를 알게 된 것은 내 아이들을 키우면서였다. 그런 아버지를 생각하는 내 마음은 우리 아이들이 커감에 따라 비례했다. 자식 키우는 일이 어디 예사인가. 얼마나 힘들고 애가 타는지 절절히 느끼면서 더해갔다. 아버진 부드러운 분이 아니었다. 약속한 일은 철저하게 이행하셨고, 만약 누구든지 어기면 엄한 벌이 내려졌다. 겉은 엄하셨어도 속마음은 아니었다. 세심하게 챙기며 두루 살피는 분이셨다. 잘못엔 가차 없어도 잠든 뒤에 비로소 쓰린 상처를 어루만져주셨다.

속도 모르고 그런 아버지가 미웠지만 철들면서 이해하는 마음으로 쏠렸다. 당신을 위해서는 쓰지 않고 아끼며 자식들에게는 풍족하게 먹이고 입히려고 애썼다. 남들보다 모자라게는 키우지 않으려 쉴 새 없이 일하는 아버지셨다.

연세가 많은 지금도 아버지는 새벽일을 나가신다. 일이 있으나 없으나 일찍 대문을 나서는 것은 오래된 습관이다. 아마도 아버지가 새벽을 여는 사람이기 때문인지 모른다. 이른 아침 대문 밖을 나오니 새벽을 여는 사람들이 의외로 많음을 알았다. 어른들도 힘들어하는 새벽일을 조그만 아이가 하고 있다는 것에 마음이 숙연해진다.

새벽에 일하는 사람이 없다면 많은 이들이 불편함을 겪겠지. 환경미화원들이 없다면 쓰레기로 엉망인 거리가 지저분할 터이고, 상쾌한 출근길의 발걸음이 무거울 테지. 또 이른 시간에 우유 배달이 중단된다면 빵과 우유로 간편식을 먹는 사람들은 빈속으로 출근을 하겠지. 대수롭지 않게 생각했던 이 일들이 갑자기 중단된다면 얼마나 불편하고 번거로울 것인가. 그들이 고마워진다. 정말 작은 일 같지만 그들이 없다면 불편을 어떻게 감당할 것인가. 우유를 사기 위해 슈퍼를 향해 달려야 할 것이다. 또 늦은 귀가에 사회가 어떻게 돌아가는지조차 놓치는 바쁜 삶이 갑갑하고 답답할 것이다. 아침 일찍 잠시 짬을 낸 이 시간에 여유를 가질 신문조차 없다면 참 허탈하지 않겠는가.

아침에 참 잘 나가봤다는 생각이 든다. 새벽일을 하는 사람들이 얼마나 고마운 존재들인지 새삼 느낀다. 피부 끝을 스치는 바람의 촉감이 상쾌해서 좋다. 여리게만 보았던 소년의 팔뚝이 단단해 보인다. 운동하러 나서는지 아니면 바쁜 일 때문인지 모르지만 뛰어가는 남자의 등이 우람해 보인다.

새벽을 여는 사람들 대열에 끼기 위해 나도 일을 시작해야겠다.

내비게이션

집을 나섰다. 여행사를 운영하는 지인에게 국내 가볼 만 한곳을 추천해 달라고 했더니 지금 가는 곳을 알려주었다. 초행길이라 다소 긴장되었지만 과속하지 않고 전방 주시를 잘하면 무리 없이 잘 도착하리라 생각했다. 무엇보다 내비게이션이 장착되어 있으니 안심이었다. 전날 인터넷으로 목적지를 비롯하여 주변의 볼거리도 미리 알아두었다.

길 안내자가 있으니 뭐가 걱정인가 싶어 마음을 편히 가지기로 했다. 안전을 위해 최선을 다하며 잘 가고 있었다. 눈을 크게 뜨고 안내자가 시키는 대로 이리저리 살피며 달렸다. 그런데 인터넷으로 알아본 도착 시간이 얼마 남지 않았는데도 여전히 주변의 정경이 낯설기만 했다. 마음이 불안했지만 애써 떨쳐버렸다. 엉뚱한 데로 갈까 봐 불안했지만 내비게이션이 길 안내를 잘못 할 리가 있나 싶어 믿어보기로 했다. 한참을 더 달렸다. 드디어 도착했나 보다. 그런데 너무 황당했다. "길 안내를 종료합니다." 라는 말을 끝으로 내비게이션이 침묵해버렸다.

주차를 한 후 차에서 내렸다. 주변을 둘러보니 관광지라는 생각이 전혀 들지 않는다. 핫플레이스라고 극찬하던 지인의 말이 실망스러웠다. 아무리 쳐다봐도 이건 아닌데. 나의 시선이 한 곳에 멈추었다. 몇 층 높이의 대형 식당이었다. 커다란 간판에 적힌 상호가 우리가 가야 할 관광지와 똑같은 이름이었다. 기가 막혔다. 어디서부터 잘못된 건지.

원래 가고자 했던 목적지를 향해 다시 달려야 했다. 내비게이션을 검색하니 도착했다는 말만 한다. 당황한 나는 가야 할 곳을 다시 쳐도 도통 대답하지 않는다. 포기하고 주변 사람들에게 길을 물었다. 초행길이니 길을 잘못 들어 되돌아 나오기를 여러 번, 겨우 목적지에 도착했다. 다리에 힘이 빠졌다. 긴장감이 풀어져 그런지 출발할 때의 기분은 어디 가고 맥이 빠져버렸다. 힘들어서 그런지 감흥은 사라지고 줄 서 있는 동안도 지루하여 언제

내 차례가 오나 그것만 세고 있었다. 같이 온 일행들과 사진을 찍으며 미소를 보였지만 눈치가 보이고 자꾸 신경이 쓰였다. 너무 고생을 시켜서 미안했다. 겨우 이런 곳에 데려왔냐는 생각을 속으로 하지 않을까 걱정되었다.

갑자기 내비게이션이 원망스러웠다. 엉뚱한 곳에 데려다준 것도 모자라 다시 알려 달라 하니 침묵으로 일관하고 있으니. 몹쓸 안내자 같으니라고. 위치를 제대로 알려주었더라면 늦지 않게 도착했을 것이고 좋은 추억을 많이 쌓았을 텐데. 비싼 돈 들여 장착했더니 제 역할도 못하는 바보라고 나무랐다.

그런데 바보는 나였다. 집에 돌아온 나는 내비게이션 사건에 대해 미주알고주알 남편한테 일렀다. 얘기를 들은 남편의 한마디에 얼굴이 붉어져 고개를 들지 못했다. 새 버전을 주기적으로 업데이트해야 하는데 그것을 모르고 있었음이다. 그간 내가 사는 지역만 다녀 아는 길을 굳이 내비게이션 사용할 필요가 없었고 업데이트 또한 몰랐다. 출시된 버전 그대로 달렸으니 새 도로가 생겨 더 빨리 갈 수 있는 혜택도 누리지 못했다. 더군다나 새로 생긴 관광지는 등록조차 안 되어 있으니 내비게이션으로서는 그 지역 유명한 대형 식당이 목적지로 당연했을 것이다.

우리 집을 찾는 손님에게서 전화가 왔다. 길 찾기로 검색하여 가는 중인데 목적지가 자꾸 산 위의 한 지점을 알려준다며 아직도 헤매는 중이라 했다. 당황해하는 손님에게 우리 집 위치를 다시 한번 설명해주고 도로명을 알려주었다. 나도 길 찾기에 애를 먹은 적이 있어 그 손님도 얼마나 힘들었을까 싶은 미안함마저 들었다. 당황하지 않도록 최선을 다해 감정을 진정시켰고 도착해서도 편안하게 잘 쉬다 갈 수 있도록 마음을 써주었다. 떠나는 날 손님은 덕분에 편안히 잘 놀다 간다며 인사를 해왔다. 나도 환한 웃음으로 그들을 전송하며 인사를 건넸다.

지금 나는 내비게이션을 신뢰한다. 그러기까지 우여곡절이 있었지만 철저히 업데이트를 시켜 최신 버전으로 올리는 작업을 게을리하지 않는다. 친목 모임도 있고 또 가족들과 여행도 하다 보니 먼 길을 떠날 때가 더러 있다. 생소한 초행길에 길 안내자가 없으면 엄청 불안하고 불편했을 것이다. 다행히 내게는 원하는 길로 이끌어줄 오래된 친구처럼 믿음직한 내비게이션이 있어 참으로 든든하게 생각한다.

오늘 저녁 내비게이션에게 새로운 정보가 가득한 맛난 밥 한 상 잘 차려줘야겠다.

목욕탕에서

텔레비전 채널을 돌리다 잠시 멈춘다. 공익광고의 한 장면이 인상적이다. 떨어뜨린 물건 주워주기. 신문 대신 던져주기. 벨 눌러주기. 커피 한잔 타주기. 엘리베이터 기다려 주기.

이 일을 하는 데 걸리는 시간은 불과 몇 초다. 나 자신을 위한 일이 아닌 타인에게 행하는 일이다. 공익광고가 참 신선한 느낌이 든다. 몇 초의 노고로 상대방을 미소 짓게 하는 행동이 생각해 보면 그리 힘든 일이 아니다. 그럼에도 쑥스러움을 느끼거나 상대방이 어떻게 생각할지 모르는 망설임 때문에 쉽게 실천하지 못하는 건 아닐까.

며칠 전부터 어깨가 결렸다. 일을 오래 하다 보니 자주 뭉친다.

꼼짝 못 할 만큼 아프지 않아도 신경이 예민해져 짜증이 난다. 아무래도 오늘은 뜨끈뜨끈한 물에 몸을 풀자 하여 목욕탕에 왔다. 안으로 들어서는 순간 뜨거운 열기가 온몸을 휘두른다. 묵은 피로도 풀 겸 두어 시간 쉬다 가리라 마음먹는다.

오늘따라 사람이 많다. 앉을 자리를 찾기 위해 안으로 가다 보니 목욕탕 구석까지 왔다. 바로 뒤쪽이 냉탕이다. 샤워 준비를 하는데 찬물이 내 쪽으로 튄다. 화들짝 놀라 쳐다보니 물끄러미 바라볼 뿐 아이의 얼굴엔 미안한 기색이 보이지 않는다. 냉탕을 수영장으로 착각하는 것 같다. 사방으로 물이 튀는데도 아랑곳하지 않는다. 수경을 쓰고, 수영모도 착용하고서 마치 수영선수처럼 물장구를 치며 오락가락한다. 심지어 다이빙을 하듯 위에 올라서서 물에 뛰어든다. 어떤 아이는 바가지까지 들고 들어가 물을 쏟기도 하고 뒤집어쓰기도 한다. 게다가 아이들끼리 대화는 거의 고성으로 귀가 아플 지경이다. 한마디로 난장판이다.

제지하는 사람이 없으니 아이들 행동이 이미 습관화되었는지 모르겠다는 생각이 들었다. 아이들에게 다가가서 한마디 한다. 뛰다가 미끄러운 바닥에 넘어져 다치기라도 하면 큰일 나니 조심해야 한다고 일러주었다. 그제야 아이들이 다소곳하게 제 자리로 간다.

간혹 어른도 예의 없는 행동을 하는 경우가 있다. 샤워도 하지 않고 그냥 탕에 들어간다. 발을 깨끗한 물로 헹구고 나서 탕에 들어가야 기본이 아닌가. 자신이 들어갈 탕임을 잊은 걸까. 오늘따라 거슬리는 것들이 자꾸 눈에 들어온다. 오이 마사지를 하고 아무 데나 버려둬 하수구의 물이 순조롭게 빠지지 못하고 있다.

나 역시 모든 일을 잘하지는 못한다. 그러나 적어도 기본적인 것은 지키려 한다. 조금만 신경 쓰면 남의 눈에 날 일이 아닌 것을 자기중심적으로 생각하다 보니 눈총받는 주인공이 되는 것이다.

목욕탕에서뿐만 아니다. 이런 경우들은 다른 데 가서도 겪는 일이다. 식당이나 영화관 또는 공공장소에서 조금만 남을 생각한다면 그럴 수 없는 일이다. 남을 생각하는 것은 그리 어려운 일이 아니다. 공중도덕을 잘 지켜야지 하는 생각은 누구나 할 것이다. 다만 생각에서 그칠 것이 아니라 실천하는 일이 필요하다. 목욕탕에서 미리 조심하라고 언급하고, 대중탕이니만큼 다른 사람에게 피해가 가지 않도록 엄마가 아이에게 주의 시키면 될 일이다. 또 어른들 역시 아이들의 본보기가 되어야 한다. 목욕을 마치면서 물건을 제자리에 정돈하고 주변을 깨끗하게 하는 모습을 보여주는 것이 그리 힘들거나 어렵지 않다.

차례로 줄을 섰을 때, 뒷사람이 기다리는 것을 생각해 준다면 좋지 않을까. 서로가 미소를 보인다면 얼굴 찌푸리며 앞사람 뒤통수를 흘겨보는 일은 없을 것이다. 남을 생각하는 행동이 어디에서건 나온다면 싸울 일이 없다. 큰일이라면 말할 것도 없지만 작은 일에도 사람들은 감동한다. 작은 배려에서부터 사람 사이에 정이 샘솟고 사랑이 싹틀 것이다. 상대방을 조금만 생각해 준다면 얼굴 붉히고 언성 높일 일이 있을까.

공익광고를 떠올리면서 마음을 다스린다. 그래, 나부터 먼저 시작하자. 하나씩 하다 보면 다른 사람들도 점점 따르겠지. 주위에 버려진 음료병도 헹구어 재활용에 넣고, 일회용 샴푸 비닐 팩도 미끄러지지 않도록 쓰레기통에 버리자. 물이 튀지 않도록 뜨거운 물과 찬물을 섞어 남에게 피해가 가지 않도록 조심하자. 이 몇 가지가 정말 몇 초에 끝난다. 마음도 개운하다. 좀 전까지 언짢던 마음이 밝아진다. 내친김에 손이 가지 않아 애를 쓰는 아주머니의 등을 밀어준다. 손사래를 치지만 개의치 않고 박박 밀어주니 함박웃음을 보이며 고마워한다. 몇 초를 넘기고 오 분이 지났지만 전혀 힘들지 않다.

상대방을 배려하고 실천하는 마음, 그 실천은 나부터라는 걸 생각하면서 공익광고의 위대함을 깨닫는다.

일상 탈출

새벽, 아직 이른 시간이다. 오늘따라 풀벌레의 울음소리가 정적을 깨트리니 더욱 조심스럽다. 단잠에 빠진 식구들이 깰까 봐 신경이 쓰인다. 조용한 가운데 분주히 일들을 해낸다. 식탁에 이른 아침을 차려 놓고 한쪽에 간단한 간식과 과일도 챙겨 놓는다. 미리 꾸려둔 행장을 현관문 앞에 두고 빠진 것이 있는지 한 번 더 돌아본다.

드디어 일상 탈출이다. 다람쥐 쳇바퀴 돌 듯 맴돌던 울타리에서 벗어나니 모든 것이 새롭게 보인다. 이번 여행은 일박이일이다. 취미가 같은 모임에서 만난 회원들과 동해안을 돌아보기로 했다. 각자의 일상에서 받는 스트레스를 해소하기 위한 여행인

만큼 삶의 무게를 잠시 내려놓고 마음껏 즐기다 오려 마음먹는다.

늦가을 이른 아침인지라 햇살이 아직 퍼지지 않아 쌀쌀하다. 목적지인 강원도는 더 춥지 않을까 하여 두툼한 티셔츠를 준비했다. 약속 장소에 도착하니 회원들이 모여 수다 삼매경이다. 평소 수수하던 모습의 회원들이 한껏 멋을 부렸다. 하회탈처럼 입꼬리가 올라간 웃음으로 반가움을 표시한다.

얼굴에 홍조가 일고 마음이 가볍다. 여행의 감흥을 즐기면서 연신 웃음과 대화가 끝이 없다. 이게 진정한 일상 탈출이던가. 그동안의 고된 일들이 뇌리에서 사라진다. 앞으로 펼쳐질 즐거운 일들에 마냥 행복한 마음이다. 어디를 돌아보고 어떤 먹을거리로 즐거울 것인가 얘기꽃이 끝없이 이어진다.

드디어 목적지인 강원도 홍천에 도착했다. 유명한 자작나무 숲을 둘러보기로 했다. 쭉쭉 뻗은 나무들이 군락을 이루고 있다. 나무 사이를 지나면서 자작자작 들리는 소리가 막혔던 귀를 시원하게 뚫어주는 느낌이다. 더욱 매료된 것은 하얀 나뭇가지가 마치 눈을 맞은 겨울나무 같아 인상적이다.

사색을 즐기기에 더없이 좋은 장소다. 평소 여유 없이 지나온 시간을 보상받는 것 같다. 지금 시간만큼은 바쁘게 해야 할 일도 없고 편히 휴식할 수 있어서 좋다. 단체 사진을 찍으며 훗날 떠올릴 소중한 추억들을 따로 모아둔다.

모임에서 만난 사람들이지만 그 속을 다 알진 못했다. 이번 여행으로 한 걸음 더 다가섰으니 그 또한 큰 소득이다. 겉모습만 보아오다가 속을 들여다보면서 더 진중해졌다. 한 겹 벗어던지니 어느 사이 친해져 정이 깊게 뿌리를 내린다.

여럿이 어울려 먹는 저녁도 최상이다. 더불어 먹으니 어찌 입맛이 없으리오. 허기진 배를 채우고 차도 마시고 잠시 휴식한 후 한자리에 모였다. 피곤하지만 그냥 잘 수가 없다. 이 귀한 시간에 잠이라니. 노래방에 가자는 의견을 모았다. 물 만난 고기다. 그런 끼가 있었나 싶을 정도로 다들 열심히 열정을 쏟는다. 한껏 흥을 돋우며 신나게 노는 모습을 보니 그간 쌓인 스트레스를 다 던져버리는 모양이다.

목소리를 높여 몸속의 티 하나마저도 다 쏟아낸 후에야 노래방을 나선다. 가는 길에 탁구장이 보인다. 잠시 의견이 분분했으나 이미 발걸음은 탁구장을 향한다. 참새가 방앗간을 어찌 지나치겠는가. 탁구 치는 모습은 보는 이들의 시선을 압도했다. 탁구를 즐기는 모임의 회원들이니 실력이 출중할 수밖에. 대부분 어릴 때부터 선수 생활을 한 이력을 가지고 있어 한층 돋보였을 것이다. 구경하는 사람들의 힘찬 박수를 양껏 받으며 이마의 땀을 훔친다.

다음 날 아침, 산사에 오른다. 가을이라 풍광이 일품이다. 수놓은 듯 단풍들이 울긋불긋 물들어 그 속에 빠져든다. 연신 소리를 지르며 감탄하는 사이 웅장한 산사가 나를 반긴다. 불교 신자인 만큼 대웅전에서 부처님께 삼배를 올린다. 잠시 잊었던 가족들과 나와의 인연들을 떠올리며 두 손 모아 합장을 한다. 일상을 벗어났다지만 가족과 나와의 인연들을 여전히 품고 있었음이다.

여태 일에 손을 놓지 않았다. 가족을 건사하면서 밖의 일까지 한다는 것이 쉽지 않았다. 못 챙겨준 것이 마음에 걸렸지만 여지가 없었다. 이제는 아이들이 독립하여 나의 손이 가지 않아도 되니 좋을 줄 알았다. 그러나 마음이 허했다. 그 생각을 접고자 시작한 것이 탁구였다. 일하는 틈틈이 회원들과 탁구를 즐긴다. 그것이 힘의 원천이고 우울한 마음을 쏟아버리는 계기가 되었기 때문이다.

속에 쌓인 것을 다 버리고 온 덕분일까. 맑은 목소리에 입꼬리가 올라간다. 배낭의 배가 여전히 부르다. 가족과 지인을 위해 준비한 소중한 것들로 꽉 채웠기 때문이다.

또 다른 여행을 계획하며 다시 한 번 일상탈출을 꿈꿔본다.

2부

못난이 삼 형제

길을 찾아서

길을 나선다. 새로운 길이다. 가다가 두 갈래 길을 만나면 멈춰 잠시 갈등한다. 어느 길을 택해야 할지 여간 신경 쓰이는 게 아니다. 잘못된 선택에 좌절하여 힘들었기 때문에 신중해야 하는 것이다. 그러나 목적을 이루고 나면 성취감을 느낀다. 그래서 사람들이 잠시도 배움의 시간을 게을리 하지 않는 모양이다.

몇 년 전이었다. 공부하고 싶었다. 그러나 내가 사는 곳은 그리 큰 도시가 아니어서 하고 싶은 분야의 공부를 할 수 있는 여건이 못 되었다. 대도시에서 살았더라면 이러고 있지는 않았을 텐데. 대도시에 살면서 하고 싶은 공부를 하는 사람들이 부럽기만 했다. 늘 마음에만 두고 있을 뿐이었다.

그런 어느 날 큰마음을 먹었다. 없는 시간을 쪼개어 할 수 있는 일이 무엇일까 생각했다. 내게 주어진 시간은 저녁뿐이었다. 낮에는 직장에 매달려 있으니 저녁에 공부 할 수 있는 것을 생각했다. 아이들도 웬만큼 컸으니 크게 걸릴 것은 없었다.

식구들에게 의견을 물었다. 아이들이 만류할 줄 알았는데 정작 반대는 남편이었다. 갑상선 병을 앓아 고생했고, 수술한 지 한 달이 채 못 되었기에 남편의 걱정은 당연했다. 몸을 추슬러도 어딘데 공부하겠다 하니 당연히 큰 소리가 날 법도 했다. 그 나이에 공부해서 뭘 할 것인가, 대학까지 마쳤는데 무슨 공부에 미련이 남았는가, 몸 걱정하고 안정을 취해야지 하며 역정을 냈다.

한동안 남편은 나를 쳐다보지 않았다. 단단히 화가 난 거였다. 남편 눈치를 살펴야 했다. 허락을 받을 생각에 비위를 맞추기도 하고 기분 상하게 하지 않으려 애를 썼다. 그러나 다문 입은 좀체 열리지 않았다. 이대로 가다가는 안 될 것 같아 내 방식대로 고집을 부렸다. 등록금을 낸 영수증을 남편이 볼 수 있는 자리에 놓아두었다. 일종의 통보였다. 고집을 잘 아는 남편도 더 이상 어쩌지 못하고 건강 잘 챙기라는 말로 허락했다.

내가 해야 할 일을 식구들이 나눠야 하니 나 역시 편치 않았다.

어떤 때는 뜻밖의 일이 생겨 출발하지 못하고 발만 동동 구르고 있을 때도 있었다. 그러다 결국 독한 마음으로 액셀을 밟았다. 근사한 식탁은커녕 숟가락 한 벌 변변히 챙겨놓지 못하고 길을 나설 때는 남편에게 고개를 들지 못하고 도망치듯 나왔다. 내 학업을 위해 식구들을 힘들게 하는 것이 못내 미안했다.

공부를 시작하면서 더 바빴다. 하던 일을 마무리도 채 짓지 못하고 서둘러야 했다. 남은 사람들을 두고 먼저 빠져나올 때의 미안함도 잠시뿐이었다. 몇 시간 동안 장거리 운전해야 한다는 두려움이 온몸을 조여 오기 때문이었다. 긴장감은 삼십여 분이 지나고서야 조금씩 풀렸다.

가야 할 목적지까지는 세 시간이 걸렸다. 쉴 틈 없이 앞만 보고 달려야 했다. 차량이 줄지어 있을 때는 늦을까 싶어 조급한 마음이 앞섰다. 졸음을 견디지 못해 잠시 휴게소에서 커피 마시는 순간에도 연신 시계를 쳐다보았다.

출발하면서 나 자신에게 주문을 걸었다. '오늘도 무사히, 그리고 고생한 만큼 확실히 배우고 오자.' 그런데 주문이 자꾸 새어나갔다. 집 생각과 직장에 대한 걱정이 마음속에 깔려 이중으로 마음이 무거웠다. 괜히 힘든 길을 들어섰는가 싶어 회의(懷疑)가들 때도 있었다. 그럴 땐 어김없이 엉뚱한 길이었다.

어렵게 시작한 공부였으니만큼 최선을 다했다. 그러나 만만치 않았다. 아이들 가르치는 직업을 가졌고, 늘 공부를 해 왔으니 머리는 그다지 녹슬지 않았을 것이라 생각했다. 순전히 나의 착각이었다. 예전에는 어떻게 공부했는지 나 자신에게 묻고 싶을 정도로 아무것도 생각나지 않고 까마득했다. 몇 번을 읽어도 이해가 되지 않으니 이론을 정립시키는 것은 바위에 글을 새기는 것처럼 어렵게 느껴졌다. 배움에는 때가 있는 법이라던 어른들의 말씀이 새삼 떠올랐다.

피아노를 배우던 어린 시절을 떠올렸다. 낮에는 시간이 없어서 새벽에 일어나 자전거를 타고 이웃 동네까지 가서 피아노를 쳤다. 무슨 열정이었던지 지금 생각해도 대단했다. 졸린 눈을 비비며 달릴 때는 쌀쌀한 새벽공기가 온몸을 휘감았고 어린 나는 사시나무 떨듯 떨었다. 잠을 깨면서부터 더 자고 싶은 갈등으로 나 자신과 싸워야 했다. 그러나 단 한 번도 쉬지 않았다.

정말 지쳐서 가고 싶지 않을 땐 피아노 배우던 시간을 떠올렸다. 느슨하게 공부를 하자는 유혹도 있었지만 다 물리쳤다. 그때보다 지금이 훨씬 수월하지 않은가 위로하면서 스스로에게 채찍을 가했다. 하루 왕복 여섯 시간을 달리고 또 딱딱한 의자에서 다섯 시간의 수업을 들었다. 하루 대부분을 직장 일과 공부로 보냈다. 그러니 부족한 것은 잠이었다. 아침이면 손발이 부어서 걷는 것도 무언가 잡는 것도 힘들었다. 그런 내 모습에 남편은 안쓰러웠던지 그만두기를 바랐다.

힘들었던 그 과정을 다 넘겼다. 그리고 마침내 졸업장을 받았다. 지난 시간을 생각하니 눈물이 핑 돌고 나 자신이 대견스럽기만 했다. 대학 사 년을 보내고 받은 졸업장보다 더 기쁜 마음이었다. 결석 한번 하지 않았으니 개근상은 물론이고 값진 상을 하나 더 받았다.

공부를 끝낸 시점에서도 시간에 쫓긴다. 또 다른 공부를 찾는 중이기 때문이다. 끝이 없는 것 같다. 새로운 배움을 찾아 변함없이 공부를 계속할 것 같다.

한때 걷고 있던 길의 방향을 바꾸려고 한 적이 있다. 지쳐서 쉬고 싶었다. 하던 일을 과감히 접어버리자 생각했었다. 배움도 가르침도 모두 접고 편안함을 찾을까 고민했다. 그런데 무언가가 나의 발목을 잡았다. 한참을 방황하다가 내린 결론은 본 길, 나의 길을 가는 거였다. 아이들을 가르치고 나 자신 또한 배움의 길을 멈추지 않고 지금껏 걸어왔다. 그 길은 여태 행해왔고 앞으로도 이어갈 나의 길이라는 걸 확신하면서이다.

배움은 시기가 있다지만 내게는 그 시기가 늘 유효하다고 생각한다. 가끔 먼 산을 바라보며 피로를 풀고 긴 숨을 토해내기도 한다. 때로는 휴게소에서 감미로운 커피 향을 음미하며 은근한 바람에 몸을 맡긴다. 잠시의 휴식은 새로운 길을 가려는 내게 더 큰 힘을 실어주기 때문이다.

오늘도 나는 길을 나선다.

고추모종을 심으며

봄입니다. 온 들녘에 농부들의 발길이 분주합니다. 겨우내 웅크리고 있던 밭은 농부들의 사랑을 듬뿍 받습니다. 단단해진 흙덩이를 부드럽게 만들어줍니다. 흙에 숨어있던 돌멩이도 골라냅니다. 깊숙이 박혀 남아있던 작년 배추 뿌리도 깔끔하게 제거합니다.

작업하느라 힘든 허리를 잠시 펴고 하늘 한 번 바라봅니다. 힘을 내봅니다. 유충이 없어지도록 살충제를 골고루 흙에 뿌리고 비료와 거름도 얹습니다. 괭이로 두둑하게 이랑을 높여줍니다. 비닐을 덮고 핀으로 단단하게 고정합니다. 일정한 간격으로 고추모종 심을 구멍을 뚫어줍니다.

먼 길을 건너온 귀한 고추 모종을 옮겨 심습니다. 파릇해야 할 잎이 축 늘어져 땅을 향해 고개를 숙이고 있습니다. 여독이 풀리지 않아 아직 기운을 못 찾고 있나 봅니다. 애처롭습니다. 애가 쓰입니다. 얼른 뿌리를 깊게 내려 새로운 땅에 적응하라고 기도합니다.

아침저녁으로 물주기를 합니다. 아이를 사랑으로 보살피듯 정성을 다합니다. 그간 목이 많이 말랐나 봅니다. 축 늘어졌던 잎은 물을 흠뻑 머금어 생기가 돕니다. 숙였던 고개가 하늘을 향합니다. 땅의 힘을 받았는지 비로소 꼿꼿합니다. 여간 씩씩해 보이지 않네요. 이제 마음이 놓입니다. 혹여 자리를 못 잡고 시들까 봐 걱정을 많이 했거든요.

사랑으로 보살핌을 받은 걸 알았다는 듯 쑥쑥 커갑니다. 햇빛은 좋은데 바람이 좀 부네요. 세찬 바람에 쓰러질까 싶어 안전하게 지지대를 세웁니다. 뿌리와 조금 거리를 두어 망치로 지지대를 살살 박습니다. 끈을 묶어 안전하게 고정합니다. 제법 근사한 고추밭이 되었습니다. 이제 역병이 없기만을 기도해야겠지요.

옆집 할머니도 고추 농사를 짓고 있습니다. 밭을 빙 둘러보시곤, 어찌 이리 잘 키웠냐고 하십니다. 모종이 좋은데다가 땅도 좋아 고추 농사가 잘되는 것 같다고 하십니다.

그 말씀을 듣고 어깨가 우쭐해집니다. 이웃 사람들에게도 자랑했습니다. 더 잘 키우고 싶은 욕심이 슬그머니 발동합니다. 비료를 얹어주면 잘 큰다는 얘길 듣고서 듬뿍듬뿍 주었습니다. 이제 동네 사람들의 시선이 온통 우리 밭으로 쏠리겠지요.

흐뭇함에 회심의 미소를 지었는데 결과는 딴판이었습니다. 하루가 채 지나지 않아 하나둘 시들기 시작했습니다. 아무리 살리려 노력해도 여기저기서 고추가 죽어 나가고 내 마음도 타들어갔습니다. 비료의 약성이 너무 강해 오히려 독이 된 결과였습니다. 욕심이 과했습니다. 이젠 기다리며 지켜볼 수밖에 없습니다.

경험이 부족했습니다. 그래도 이만하면 다행이라 생각합니다. 시들시들 힘겨워하며 일어서려 노력한 덕분에 절반이 살아났습니다. 둘러보러 오신 할머니가 뭐라 하십니다. "쯧쯧, 안타깝네. 나한테 물어볼 일이지."

지나온 시간 속에 아이의 얼굴이 주마등을 스칩니다. 여린 아이가 안쓰러워 무엇이든 감싸 안으며 내 손으로 다 해주었습니다. 그 바람에 아이는 스스로 하는 것을 습득하지 못했지요. 남들 아이보다 늘 뒤처지고 늦었습니다. 내가 한 행동이 얼마나 잘못된 일이었는지 비로소 깨달았습니다. 지나치게 사랑을 주면 아이는 상대적으로 의지를 잃고 남에게 기대는 마음이 자꾸 커간다는 것을 몰랐기 때문입니다.

오늘도 변함없이 밭을 향합니다. 고추 농사에 심혈을 기울입니다. 빨리 자라라고 비료를 듬뿍 주며 다그치는 과잉사랑은 하지 않을 겁니다. 오히려 성장에 방해를 줄 뿐이니까요. 벌레를 잡아내고 잡풀을 뽑아내어 영양을 뺏기지 않도록 최선을 다해 살펴줄 겁니다. 좀 지나면 굵디굵은 고추가 붉게 익어갈 테지요.

저녁노을이 오늘따라 참 붉습니다.

귀환

오랜만에 친정 식구들이 모였다. 친정아버지가 농사를 짓겠다 하신다. 연세도 많고 근래 들어 기력이 많이 쇠하신 것 같은데 갑자기 농사라니, 다들 의아해한다.

"조금 고생되더라도 힘을 모으면 우리 가족들 일 년 양식거리는 충분할 것이다."

농번기가 되면 일손이 달릴지 모르니 자식들 힘을 빌리려 함이다. 여태 남에게 내어준 농사를 직접 짓겠다 하시니 어머니 표정이 어둡기만 하다.

"거리가 한두 발이던가, 농사도 모르는 아이들 불러서 어쩐다고. 아이구, 쇠고집 너그 아부지를 어떻게 말리누."

한숨을 쉬며 나지막한 목소리를 내신다. 남에게 맡길 때까지 농사일에 손을 놓지 않았으니 얼마나 힘든지 누구보다도 훤히 아셨음이라. 그럼에도 우리들은 아버지 말씀을 따르기로 했다. 농번기가 되면 각자 바쁘더라도 주말이나 휴일에 모이기로 했다. 식량과 채소를 자급자족할 수 있으니 좋고 또 식구들이 모여 형제간의 우애도 나누니 좋을 터였다, 무엇보다 손주 사랑이 깊은 아버지에게 자녀들을 데려가 정을 느끼게 해드려야겠다는 생각이 들었다.

모판 만드는 날 다시 모였다. 아침을 먹고 일찌감치 아버지를 따라 들에 나섰다. 움트는 농촌 전경이 한눈에 들어온다. 스치는 바람이 다정하게 얼굴을 어루만진다. 이름 모를 들풀이 옹기종기 모여 나를 반긴다. 포근하다. 고향의 익숙한 향기가 너무 좋다. 농촌에서 자랐으니 어찌 풋풋한 이 향기를 잊을 수 있을까.

아버지의 논을 바라본다. 겨우내 웅크려 푸석했던 논에 아버지는 이미 물을 대고 논갈이를 다 해놓으셨다. 잘 정리된 논은 곧 모를 받아들일 준비를 하고 기다리는 듯했다.

밀짚모자를 눌러쓰고 물 장화를 신은 아버지 모습이 새롭다. 늘 작업복 차림으로 출근하시는 모습만 봐 왔는데 이제 농군 같아 보인다. 아버지를 따르는 어머니는 이미 포기한 듯 아버지를 도와 모판 만들기 작업에 여념 없다.

아버지가 준비된 흙을 모판에 담아 고르게 펴주면 어머니가 물을 뿌려 흙을 적셔준다. 그 위로 아버지가 소독된 볍씨를 적당한 간격으로 뿌린다. 어머니는 볍씨가 보이지 않도록 다시 흙을 덮는 작업을 한다. 두 분의 손작업이 겹치지 않고 잘 맞는다. 완성된 모판을 논의 가장자리로 옮기는 작업은 자식들의 몫이다. 가지런히 놓은 모판에 숨 쉬는 비닐을 씌워두고 싹을 틔울 때까지 기다리면 된다.

모판 만들기가 끝나고 근처 밭을 향한다. 아버지가 심어둔 작물을 거둬 와 다듬을 참이다. 자리를 많이 차지한 양파와 마늘이 매서운 겨울 추위를 이겨내고 잘 자랐다. 그 옆으로 각종 채소가 줄을 맞춘 듯 반듯하다. 상추와 부추, 얼갈이와 열무, 대파가 파릇하다. 이제 곧 밥에 넣어 즐겨 먹는 동부 콩이 낮게 쳐놓은 그물을 향해 애를 쓰며 발돋움을 하겠지. 아이들이 좋아하는 밭 가로 심어둔 옥수수도 한 뼘 자라 키재기를 하고 있다. 아이들 간식으로 미리 점 찍어두어야겠다.

솎아온 채소를 다 같이 다듬는다. 어머니의 빠른 손은 나물과 생채를 만들어 식구 수대로 통에 담아 한쪽에 두신다. 강된장을 끓인다시니 상추 쌈도 싸 먹어야겠다. 아직도 어머니 손맛을 그리워하는 자식들을 위해 반찬 챙기기에 여념 없으시다. 돌아가는 우리들의 보따리가 꽤 무거울 것 같다.

우리들이 자주 모일 틈이 없었다. 다들 하는 일이 바쁘고 떨어져 살다 보니 명절과 어버이날, 생신에 모여 얼굴을 보며 안부를 전했다. 그런데 아버지의 명령으로 본의 아니게 자주 모이다 보니 여간 즐거운 게 아니다. 얘기도 나누고 얼굴을 맞대고 농사일도 거드니 새삼 정이 더 깊어진다.

논농사를 짓는 이웃들 대부분이 기계의 힘을 빌리고 있다. 당연히 수월할 것이다. 논갈이도 모내기도 단시간에 끝날 것이고 강한 햇빛도 피할 수 있을 것이다. 그럼에도 굳이 자식 부르심을 강행하신 마음을 이제 알 것 같다. 한 번이라도 자식 얼굴 더 보고 싶은 마음과 형제들과 끈끈한 정을 이어가 돈독하게 살아가라는 깊은 뜻이 숨어 있음을.

틈틈이 아버지의 논으로 모일 것이다. 여름 내내 벼가 야무지게 알곡을 맺도록 소매를 걷고 아버지 뒤를 따라야지. 땀 흘리며 모내기를 하고 또 병해충을 입지 않도록 최선을 다해야지. 결실의 계절 가을이 오면 알알이 여문 곡식을 한 자루 메고 집을 향하겠지. 아버지의 주름진 얼굴에 가득 머금은 미소를 떠올려 본다.

아버지의 귀환은 곧 우리 모두의 귀환이었다.

내면의 아름다움

구슬땀을 흘리며 톱질을 하고 있다. 무엇을 그리 집중하여 만들고 있는지 인기척을 내도 알아채지 못한다.

"뭘 만드세요?"

그제야 빙긋이 미소를 띠며 반긴다. 소란스럽거나 말이 많지 않고 조용조용하다. 여태껏 남 탓하는 것을 보지 못했다. 할 일만 묵묵히 해내는 모습에 나도 모르게 믿음이 갔다. 일도 알아서 찾아가며 해낸다. 적재적소에 필요한 것을 만들어 놓는다. 재주가 많은 사람이다. 필요하다고 생각은 하는데 일이 많아 차일피일 미루다 보면 어느 사이 해결 해 놓는다. 그럴 때마다 어쩜 내 마음을 저리도 잘 알까 싶다. 시키지 않아도 다 해 놓았다며 내세우려 하거나 자랑하지 않는다. 그저 주어진 일에 최선을 다할 뿐이다.

인고의 세월을 살아온 사람이다. 무엇이든 열심히 하며 살았는데 거친 풍랑을 만나 심연 속으로 가라앉고 말았다. 그래서 지금은 아무것도 가진 것 없는 맨손이 되었다. 늘 수수한 작업복 차림에 값나 보이는 것은 없지만 인품만큼은 수수하지 않고 오히려 빛나 보인다.

겉모습만 보고 사람을 평가하는 경우가 있다. 화려하게 옷을 잘 차려입고 명품가방을 걸치고 비싼 외제 차를 타고 다니는 사람에 대해서는 내면을 생각하기에 앞서 호의적인 마음부터 갖는 경향이 있다.

그 사람을 만나면서부터 잘못된 선입관이라 생각하게 되었다. 화려하게 꾸미거나 명품을 갖지 않았어도 내면이 꽉 찬 사람이다. 예의 바르고, 때에 따라서 침묵하고, 배려심이 깊고, 사람의 마음을 잘 헤아려주는 훌륭한 인품을 가진 분이다.

나 역시 사람들을 대할 때 편견을 갖지 말자는 생각으로 살아가려 애쓴다. 그러나 어느 순간 사람을 겉모습으로만 판단할 때가 더러 있다. 그의 마음을 닮아가고 싶다. 어떤 것이라도 다 수용하고 포용할 마음을 말이다.

펜션을 운영하다 보니 사람들을 많이 만난다. 대부분 좋은 손님들을 만나지만 그중엔 그렇지 못한 분들도 간혹 있다. 비싼 외제차에 온통 명품으로 치장하여 겉모습이 화려하다. 손님은 들어오자마자 왕 대접을 받으려 한다. 이렇게 해 달라 저렇게 해 달라 부탁이 아닌 숫제 명령이다. 불편하지 않도록 안내문을 비치해 놓고 한 번 더 설명하지만 소용없다. 퇴실하는 순간까지도 요구사항을 말한다. 머물다 떠난 자리는 그야말로 난장판이다. 그러면서도 얼마나 당당한지 모른다. 겉모습은 명품을 두르고 비싼 차를 타고 화려한 보석으로 치장을 하여도 내면이 아름답지 못하면 꽉 찬 알맹이가 아니라 껍데기에 불과할 뿐이다. 떠났지만 내 마음에서 우러나오는 존경심이나 따뜻함은 사라진 지 오래고 불쾌함만 남는다.

그래도 위안이 되고 뿌듯한 경우가 많아 언짢은 마음을 위로받기도 한다. 인상부터가 온화하고 부드러운데다 깍듯하고 예의 바른 손님도 있다. 입실해서부터 나갈 때까지 조용하다. 요구사항도 없다. 사용했는가 싶을 정도로 깨끗하게 잘 정돈되어 있다. 편하게 잘 지내다 간다는 말로 내 가슴을 따뜻하게 만든다. 많이 준비해왔다며 과일과 간식거리를 나눠주기도 한다. 나 역시 그런 손님에게 마음이 간다. 집에 있는 이것저것을 챙겨 문 앞에 두고 오는 발걸음이 가볍다.

사람들을 대하는 일을 하다 보니 안목도 점점 넓어졌다. 척 보면 안다는 말을 생각하는 순간 피식 웃음이 나온다. 겉모습도 좋아야 하지만 거기다 내면의 아름다움이 더한다면 금상첨화가 아닐까. 갈수록 가슴에 남는 일들이 쌓여간다. 안 좋은 기억 위로 좋은 기억들이 층층을 이룬다.

무엇이든 뚝딱 만들어 내는 작품을 보려고 내면이 아름다운 그 사람을 만나러 가야겠다. 겉모습과 내면이 고운 혜안의 눈으로 오늘은 무엇을 만들고 있을까.

퀼트

친구가 운영하는 퀼트 숍에 갔다. 크고 작은 작품들이 가지런히 진열되어 사람들의 시선을 끈다. 작품마다 빛이 난다. 계절별로 구성된 이불과 디자인이 다양한 가방, 외출용 옷과 평상복 옷, 장식용 벽걸이 이외에도 앙증맞은 인형을 비롯한 소품이 많다.

판매하지 않고 따로 보관해둔 귀한 작품을 보여준다. 하나하나가 친구의 혼이 깃든 자식 같은 보물들이다. 천 조각조각을 이어가며 긴긴밤 작업을 했을 것이다. 바늘에 찔려 피가 흐르는 손가락의 아픔은 오죽했을까. 오랜 시간 작업을 하다 보니 눈이 시리고 어깨가 아프고 구부린 다리는 피가 통하지 않아 저렸을 것이다. 그런 고통을 감내한 결과 많은 작품을 탄생시킬 수 있었을 테지.

바느질 솜씨가 얼마나 좋은지 천이 울거나 틀어진 데 없이 반듯하고 매끈하다. 손으로 한 땀 한 땀 작업한 것이 마치 재봉 기계가 지나간 듯하다. 그저 감탄만 나온다. 친구의 빈틈없는 성격이 작품에 잘 나타나 보인다. 평소 참을성이 많고 꼼꼼하며 차분한 성향이 직업과 잘 맞는 것 같다.

배우려는 수강생들 수업도 겸하고 있다 하니 욕심이 났다. 나도 배우고 싶었다. 그러나 내가 사는 지역과 좀 떨어져 있으니 다니기 벅차지 않을까 고민되었다. 급한 성격 그대로 어떻게든 되겠지 하며 덜컥 수강 신청을 하고 말았다. 돌아오는 여객선 안에서 친구가 내게 준 선물을 풀어 살펴보았다. 앙증맞은 바늘쌈지다. 나도 잘할 수 있을까. 바느질을 어떻게 해야 고운 작품을 얻을 수 있을까. 마음으로는 벌써 이불이며 손가방, 소품들이 만들어져 머리를 맴돌고 있다.

사실, 친구가 말렸다. 나의 급한 성격을 알기에 시작하고서 중도에 관둘 게 분명하다 싶어서였을 것이다. 난 생각이 있어서 고집을 부리며 장거리 수강을 자처했다. 한 고집하는 나를 친구도 더는 말리지 못하고 배워보라며 어깨를 두드려주었다.

수강 첫날은 어떻게 지나가는지 모를 만큼 정신없었다. 작은 바늘에 실을 꿰기도 어렵고 천을 잇대는 작업도 만만치가 않았다. 의문이 들었다. 손바느질보다 재봉틀로 만든다면 단시간에 수요를 더 낼 수 있고 또 편할 텐데 왜 저렇게 힘들게 만들고 있을까. 그런데 교육과정을 마치고 직접 만들어보니 손으로 만든 것이 훨씬 촘촘하고 튼튼하다는 것을 알았다.

조각을 이어 붙이는 기본부터 배웠다. 시작부터 끝까지 오로지 손작업으로 바느질하여 마무리하는 것이다. 속도가 붙은 나는 제법 능숙해졌다. 배를 타고 오가며 힘을 소비하고 또 작업실에서 배워나가는 힘든 과정을 견디니 점점 바느질이 재밌어졌다. 천을 조각내어 연결하고 솜을 대어 누볐다. 누빈 천 조각끼리 연결하는 작업을 반복했다. 드디어 생활소품과 인형 옷에 이르기까지 다양한 모양의 작품이 만들어졌다.

조각만 따로 떨어져 있으면 무엇 하나 쓰임이 없다. 각각의 조각들이 제 위치에 연결되어 하나의 작품이 만들어진다. 결코 하루아침에 이루어지는 것이 아니다. 많은 시간을 들여 만들어진 작품들이다. 인내심이 없으면 할 수 없는 퀼트. 천 조각 하나라도 규칙과 질서에 어긋나면 작품이 되지 않는다.

소품 과정을 마치고 좀 더 어려운 무늬가 들어가는 벽걸이 만들기 작업에 들어갔다. 손으로 한 땀 한 땀 심혈을 기울여도 쉽지 않다. 일에, 가사에, 또 바느질 작업까지 쫓기다 보니 집중하지 못하고 실수를 했다. 반듯하게 펴려고 하지만 한 부분이 어긋나 삐뚤삐뚤하다. 찜찜했지만 실을 풀어내고 다시시작 하기가 힘들어 흠집을 그대로 둔 채 끝을 맺었다.

완성품을 볼 때마다 개운하지 못하고 후회되었다. 실수했을 그 시점으로 되돌아가고 싶었다. 비뚤어진 작은 부분이 두드러지게 보여 잘된 반듯한 부분을 다 가려버리는 게 아닌가. 그 부분만 클로즈업되어 눈에 들어오니 마음이 편하지 않다.

먼 길을 오가면서까지 친구에게 퀼트를 배우게 된 계기가 있다. 급한 성격이다 보니 한발 앞서기는 쉬워도 물러나는 것은 어려웠다. 조금만 참고 이해하면 되는데 정의의 사도처럼 먼저 나서다 보니 화살을 혼자 맞을 때가 있었다. 실수도 잦다. 나의 급한 성격을 한 걸음 느리게 만들자는 생각으로 한 땀 두 땀 바느질을 하며 성격 바꾸기를 하고자 한 것이다.

퀼트는 미완성 조각들이 모여 공동체를 이뤄 비로소 하나가 되는 것이다. 오늘 완성된 벽걸이는 완벽하지 못했다. 비뚤어 흠집을 낸 조각 하나 때문에 조화를 이루지 못하게 된 때문이다. 볼 때마다 속상한 마음을 바꾸기로 했다. 살아가면서 잘못하거나 실수했을 때, 마음이 복잡하고 화가 나 참을 수 없을 때 벽걸이는 본보기가 되어 나를 잘 다스려 줄 것이다.

작품이 늘어남에 따라 느림의 미학을 실천하는 나도 바느질도 일취월장하고 있다.

염원을 담아

잠이 오지 않는다. 외국 여행이 처음이라 그런지 오히려 눈이 말똥말똥하고 정신이 더 또렷해진다. 친하게 지내던 지인들과 의기투합하여 중국을 다녀오기로 했다. 과연 어떤 나라일까? 기대 반 설렘 반으로 생각이 꼬리에 꼬리를 물고 늘어져 밤을 새웠다.

공항에 내리는 순간 우리나라와는 사뭇 다르다는 느낌이 왔다. 공항에서부터 정복을 입은 공안들이 정자세로 서 있어 긴장감이 돌았다. 온통 붉은 현수막이 걸쳐있어 방송으로만 보던 북한이 떠올랐다. 사회주의 체제를 이루는 나라인지라 조금은 두려운 마음으로 길을 나섰다.

먼저 상해를 둘러보기로 했다. 대한민국 임시정부청사와 홍커

우공원의 윤봉길 의사 기념관이 있어서이다. 빼앗긴 나라를 되찾기 위해 고향을 떠나 먼 이곳까지 들어와 오로지 독립을 위한 염원으로 청춘을 바친 독립투사들이 활동해온 곳이라 상해를 여행하는 한국인이라면 꼭 둘러보는 곳이라 한다.

잘 정돈된 공원에는 쉼터인 듯 운동을 즐기기도 하고 또 한가롭게 의자에 기대고 앉아 휴식을 취하는 노인 분들이 삼삼오오 보인다. 긴박하고 살벌했던 과거를 떠올리기 전이라면 아늑하고 포근한 전경임이 분명할 것이다.

1932년 4월 29일, 홍커우공원에서 우레와 같은 폭탄이 터졌다 일왕의 생일을 기념하기 위해 모인 자리에 윤봉길 의사는 미리 준비한 폭탄을 던졌다. 고위급 간부들이 죽었고, 운봉길 의사는 체포되는 순간에도 한 치의 굽힘없이 당당했다. 수없는 모진 고문에도 꿋꿋했다. 마지막 순간에도 일본군의 총알을 피하지 않고 눈을 가린 수건을 풀어 달라 했다. 그들의 흉탄에 스물다섯 아까운 생을 의연하게 마쳤다.

그의 나이 열아홉, 세상을 얻을 기개를 가진 청년이었다. 희미하지만 사진에 비친 그는 부리부리한 눈매가 강렬했다. 꼭 다문 입술은 오로지 독립을 위해 한목숨 바치겠다는 염원으로 불타 있다. 일본의 간섭과 조선의 의식을 말살하려는 교육을 거부하고 한학을 수학했다. 신문물에 관한 책과 계몽잡지를 구독하면서 민족문제와 농촌 현실에 대해 깊게 고민하는 진정한 젊음이었다. 하루빨리 그들의 무지를 타파해야 했기에 야학당을 개설하여 농민과 어린아이들에게 글을 가르치고 역사와 과학 농사지식을 일깨우려 애썼다.

여기 와서 알게 되었다. 그가 이미 아내와 아이를 둔 가장이었음을. 그 대목을 보는 순간 눈물이 흘렀다. 나였다면 가족들이 눈에 밟혀서라도 독립투사의 길을 포기했을 것이다. 뺏긴 나라도 중요했지만 내 가정이 우선이었기 때문이다. 나라와 금쪽같은 자식을 두고 얼마나 고심하며 잠 못 이뤘을 것인가.

윤봉길 의사의 폭탄 투척은 많은 이들의 귀감이 되었다. 중국국민당 정권의 마음을 움직였다. 백만 중국군도 못한 일을 조선의 일개 청년이 해냈다는 찬사를 받으며 대한민국 임시정부에 대한 전폭적인 지원을 받는 계기가 되었다 하니 저절로 숙연해진다.

나라를 되찾아준 그들의 덕분으로 지금 행복하게 살고 있다. 일제강점기에 그들의 만행을 겪지 않아 아픈 역사를 잘 인지하지 못했다. 심히 부끄럽다. 머나먼 이국에 와 그들의 만행을 보니 분노가 치솟는다. 나라 잃은 설움을 안고 내 땅이 아닌 남의 나라에서 독립운동을 한다는 것은 살을 베고 뼈를 깎는 고통이었을 것이다. 배 불리 먹기를 했을까. 추위에 겹겹이 옷을 껴입었을까. 편한 잠을 자 봤을까. 일제 만행을 피하려 쪽잠을 자며 오로지 나라를 구하겠다는 염원이었을 뿐.

왁자지껄 수다 떨고 무엇을 먹을까 고민하던 우리 팀들의 표정은 어느 사이 숙연함으로 바뀌었다. 대한민국 임시정부청사 유적지를 돌아보고 나오는 발걸음이 조용조용 진지하다. 교과로만 봐왔던 역사와 상황들을 직접 눈으로 살펴보는 귀한 시간이 되었고 그들의 덕분에 행복한 삶을 살아가는 후손으로서 감사함은 이루 말할 수 없다.

오늘 첫 외국 여행지로 상해는 탁월한 선택이었다고 생각한다. 독립투사들의 정신과 혼이 깃든 상해 곳곳에 우리 조상들의 삶이 녹아있기 때문이다. 한국과 시차도 없고 소요 시간이 두 시간 정도이니 다음에는 아이들과 꼭 다시 오고 싶다. 자랑스러운 조상들의 은덕과 범접할 수 없는 기개를 담아오게 할 생각이다.

혹여 기억이 희미해질까 하여 사진 촬영이 허락된 곳을 향해 아낌없이 셔터를 누른다.

다시 제주도

얼마 만인가. 비행기에 몸을 싣고 있는 지금 순간이 마치 꿈인 듯하다. 상기된 얼굴을 남편이 눈치채지 않도록 창가로 돌려 구름을 쳐다보고 있다. 이때 승무원들이 상냥한 목소리로 음료를 권한다. 주스 한 잔을 주문하고 남편의 옆모습을 보니 그이 역시 표정이 밝다.

처음이 아니다. 오래전 신혼여행지로 제주도를 택했다. 꽃다운 이십 대에 갓 결혼한 내 모습이 클로즈업된다. 비행기에 나란히 앉아 하늘에 떠 있는 솜사탕 같은 구름을 보며 설렜다. 결혼 전 데이트 할 때와는 달리 손을 꼭 잡고 걸어도 남의 눈치를 볼 필요가 없었다. 가이드가 추천해주는 명소를 돌아다니며 기념사진도 찍고 즐거운 추억들을 가슴에 담았다. 십 년 후에 꼭 이곳으로 다시 오자며 남편이 말했다.

무에 그리 바빴는지 오랜 시간 제주도를 잊고 지냈다. 은혼식 여행을 가자는 남편의 제안에 아이들도 등 떠밀 듯 다녀오라고 했고 나도 못 이기는 척 따르기로 했다. 며칠 집을 비워야 하니 손이 가지 않도록 집안 단속도 단단히 해두었다.

간소하게 여행 가방을 꾸려 집을 나섰다. 공항에 발을 딛는 순간 많이 달라져 있음을 느낀다. 오랜만에 찾은 제주도가 조금 낯설다. 예전에 왔던 제주도가 아니다. 그때는 신랑 신부들이 대부분이었는데 지금은 가방을 메거나 캐리어를 끌고 편한 복장의 내국인들과 관광 온 외국인들로 북적거린다. 공항에서부터 이국적인 느낌이 든다. 마치 다른 나라에 온 것 같다. 키 큰 야자수가 그 느낌을 보탠다. 시간이 흘렀음이다. 그걸 깨닫지 못하고 오래전의 추억 속에 마냥 붙들려 헤매고 있다.

신혼여행지였던 곳을 둘러보기로 했다. 성산일출봉을 비롯하여 만장굴, 천지연 폭포, 민속촌 등. 여전했다. 기억하지 못하리라 생각했는데. 달라진 거라면 단장되어 훨씬 세련되고 더 멋있어졌다는 것이다. 그때의 기억들이 떠올라 잠시 추억에 젖는다.

이제 제주도는 단순히 신혼여행지만은 아닌 것 같다. 테마가 있는 여행지로써 뭇사람들의 시선을 끌고 있으니. 자연적인 명소는 물론이고 우도와 마라도 등의 섬들도 관광지 한 부분으로 인기몰이를 하고 있다. 그래서 우리도 새롭게 꾸며진 곳과 미처 가보지 못했던 곳을 둘러보기로 했다.

모래사장을 맨발로 걸어본다. 바쁠 일이 하나도 없다. 해산물 한 접시에 소주 한잔을 놓고 바다 향을 음미한다. 마음이 평온하다. 앞다투어 바쁘게 살아온 힘들었던 날들이 소소한 행복에 밀려나고 있다. 여행은 낭만이며 삶의 활력소라 했던가. 정말 그 말에 공감한다. 만년 스트레스와 긴장을 한 방에 날릴 수 있으니 말이다.

이박삼일, 꿈같은 시간이 금방 지나가 버린다. 아쉽다. 그래도 많은 것을 누렸다. 끼니마다 맛집을 찾아다니고, 테마파크, 서커스 관람도 했다. 올레길을 거닐며 한가하게 산책을 했다. 해변 길을 걷다가 불어오는 거센 바람에 스카프를 날리기는 했지만 상쾌함을 어디다 비교할까.

마지막 날은 감귤농장을 둘러보기로 했다. 지인에게 전할 선물을 사기 위해서다. 맛부터 보라며 손에 올려준다. 그런데 매끈하지도 곱지도 않다. 모양 좋은 떡이 맛도 좋다고 하는데, 껍질을 벗기고 먹어봤더니 별로다. 그 옆에 놓인 귤에 눈이 갔다. 주인이 그 귤 중 하나를 손에 얹어준다. 과일 가게에서 늘 보던 귤이다. 먹어보니 싱겁고 더 맛이 없다. 왜 그런가 했더니 이제 막 따온 것이라 아직 숙성이 덜 되어서라고 한다.

지인에게 전할 선물은 울퉁불퉁하고 못난 귤로 정했다. 매끈하고 윤이 나는 감귤이 훨씬 좋아 보이긴 해도, 소비자가 원하니 좋은 상품을 만들기 위해서는 약을 치고 마지막 단계에서 윤이 나는 광택제를 바를 수밖에 없다고 한다. 게다가 우수 품질이라는 표까지 붙인 감귤이니 가격이 당연히 비쌀 수밖에. 농장 주인의 얘기를 들어보지 않았다면 비싼 귤을 샀을 것이다. 망설임 없이 매끈하지도 않고 생채기투성이인 귤을 과감하게 선택했다.

못생긴 귤은 농약을 전혀 하지 않았다는 설명과 함께 잎과 잎끼리, 가지와 가지끼리 바람이 불 때마다 서로 스치면서 난 생채기로 검게 보일 뿐 알맹이는 아무렇지 않다며 부수적인 설명까지 더하는 농장주의 말에 신뢰가 갔다. 시각적인 면에서 볼품이 없을 뿐이지 상품의 질은 오히려 좋다고 한다. 오늘 수확한 것이니 이삼일 두면 더 숙성되어 지금보다 훨씬 새콤달콤한 맛을 낼 것이라며 미소를 보인다.

비싼 감귤을 팔면 수익을 더 낼 것임에도 못난 귤을 권한 마음을 알 것 같다. 그에게는 두 상품 모두가 자식 같을 것이다. 품는 마음, 못나고 귀함을 구분하지 않는 그 마음이 돌아가는 나의 발길을 가볍게 해주어 나 또한 미소를 보이며 손을 흔든다.

돌아가는 길, 청명해서 날씨가 좋다. 하늘 높이 올라 내려다보는 제주가 참 아름답다. 혼잣말로 중얼거린다.

"다시 또 올게."

장마

억수 같은 비라더니 오늘 폭우가 그렇다. 앞이 보이지 않는다. 물동이로 마구 퍼붓는 것처럼 내리는 비를 감당하기 버겁다. 게다가 천둥 번개까지 가세하니 밖에 나갈 수도 없다. 벌써 며칠째 햇빛 구경이 어렵다. 물기를 머금은 집안의 눅눅함을 없애려 보일러를 틀고 옷장 앞에 제습기를 바짝 대 습기 제거를 한다.

연일 내리는 비에 몸도 마음도 지쳐간다. 이런 날이면 유독 한 사람이 떠오른다. 파리한 얼굴에 수심 가득함이 묻어나던 그녀를 떠올리는 순간 나도 모르게 눈시울이 붉어진다. 만나던 날도 억수 같은 비가 내렸다. 아이보리 색상의 레인코트가 참 잘 어울리던 그녀. 미소를 보이며 다가서는 그녀의 첫인상은 밝기보다

창백해 보였다. 무슨 이유에서일까. 얼굴을 보는 순간 애처로운 마음부터 들었다.

같은 계열의 일을 하다 보니 정보도 주고받고 차도 나누었다. 그런 이유로 우리는 가까워졌다. 일상적인 얘기만 오갔을 뿐 한동안 속내를 보이지 않았다. 그녀의 표정에서 무슨 일이 있었음을 짐작만 할 뿐이었다. 나를 편하게 생각할 때까지 기다리기로 했다.

어느 날 그녀가 입을 열었다. 말문이 터지자 멈출 줄 모르고 화산이 폭발하듯 토해내기 시작했다. 그 울분을 어찌 지금까지 담고 있었는지. 안쓰럽고 가여워 눈물만 났다. 열심히 살아보려고 발버둥 치며 애쓰는 그녀에게 뭐든 다 주고 싶었다. 무작정 불러내 바다도 보러 다니고 맛난 점심도 먹으며 아픈 마음을 달래주었다.

혹독한 시집살이를 한 탓에 시댁 얘기가 나오면 치를 떨었다. 외아들에게 시집간 것을 진정으로 후회했다. 시어머니의 욕심은 끝이 없었다. 자식이 여럿이면 바라는 것을 조금씩 나누기라도 하지. 무녀 독남, 하나밖에 없는 아들에게 거는 기대는 그녀를 점점 구석으로 몰아갔다. 시어머니의 눈에 며느리는 없었다. 오로지 하나뿐인 자식만 존재할 뿐. 걸음걸음이 살얼음판이었다. 조금의 실수도 없어야 했고 늘 긴장을 놓아서도 안 되었다. 힘들고 지쳐 바짝 말라가는 사이 남편과도 남보다 못한 사이가 되어버렸다.

고된 시집살이지만 남편이 그녀를 좀 따뜻하게 품어주었더라면 운명은 달라졌겠지. 이기적이고 자기중심적인 남편은 뭐든 멋대로였다. 의논이라고는 애초부터 없었다. 하고 싶은 일은 아무리 말려도 듣지 않았고 잘못된 일은 그녀가 해결해야 했다. 종내에는 여자까지 만나고 다녔다. 내연녀와 여행을 하고 돌아와 적반하장도 유분수지, 잔소리한다며 그녀를 몰아세웠다. 울분과 고통으로 일그러진 하루하루를 보내다 정신이 번쩍 들었다고 한다. 나를 찾아야 해. 이대로 있다간 죽을 것 같아. 그래서 시작한 일이 학생들 과외 지도였고, 경험을 쌓고 좀 더 늘려보자는 생각에 학원을 차려 나왔다고 한다.

긴 시간 고통 속에서 얼마나 울며 몸부림쳤을까. 그래서 그랬던 거구나. 얼굴에 늘 그림자가 드리워 있었지. 미소 뒤로 감춰진 슬픔을 생각하니 마음이 아려왔다.

억수같이 비가 내리던 날 날아든 비보는 너무나 큰 충격이었다. 할 말을 잃고 멍하니 앉아 손가락 하나 움직이지 못했다. 얼마나 힘들었기에 아등바등 잡았던 끈을 놓아버린 것인가. 내 눈에도 억수 같은 비가 하염없이 내렸다. 그녀를 놓지 못해 한동안 힘들었다. 너무나 애석했고 가여웠다. 매사 적극적이고 솔선수범하며 살아왔는데. 온갖 고통을 견디며 꿋꿋이 일어서고자 온 힘을 다했는데. 아직도 해야 할 일들이 태산 같은데.

누구의 눈물인가. 올해는 유독 장마가 길다. 작년 이맘때였으면 지루하던 장마가 물러가고 무더위가 한창 기승을 부릴 터인데. 빨래를 개다 흘러간 유행가 가사 한 소절을 불러본다.

"비가 오면 생각나는 그 사람."

못난이 삼 형제

외식을 하러 집을 나선다. 아이들이 떠나고 둘만 남게 된 우리 부부는 가끔 밥하기 귀찮거나 먹고 싶은 음식이 떠오르면 집을 나선다. 가까운 곳에 아귀찜이 맛있다고 소문난 식당을 찾아가고 있다.

식당에 들어서는 순간 나의 시선이 한곳에 머문다. 못난이 삼 형제가 나란히 앉아 나를 쳐다보는 게 아닌가. 한동안 잊고 있었다. 닳도록 보듬고 또 보듬어 온 식구가 아니던가. 눈을 떼지 못한다.

감성에 젖은 나는 어느새 유년 시절로 돌아가 있다. 그 시절 대부분 가난한 살림이었다. 특히 보릿고개 시절에는 먹을거리가 부족해 배를 곯기 일쑤였다. 묵혀둔 고구마나 감자가 있다면 그나마 다행이고 풀뿌리로 죽을 쑤어 허기를 달래기도 했다.

우리 집이라고 넉넉했을까. 그럼에도 장에 다녀오면서 어머니가 봉투 하나를 안겨주셨다. 종이 인형도 흔치 않아 귀했던 때 큰맘 먹고 사 주신 못난이 삼 형제였다. 그저 좋아서 안고 업고 다녔다. 인형 놀이를 하면서 가끔 의문이 들었다. 왜 예쁜 인형이 많은데 굳이 못난이로 만들었을까. 더벅머리가 눈을 덮고 양 볼에 주근깨가 더덕더덕 붙어 결코 예쁜 얼굴이 아니었다.

한 아이는 뭐가 그리 슬픈지 닭똥 같은 눈물을 뚝뚝 흘리고 있고, 또 한 아이는 화가 머리끝까지 올라 잔뜩 성이 났다. 못나도 해맑게 웃고 있는 아이가 있어 그나마 다행이었다. 못난이 삼 형제는 내게로 와 친구가 되고 식구가 되었다. 아침에 일어나 눈을 뜨면 머리맡에 둔 인형을 들어 눈 맞춤을 했다. 품에 꼭 안기도 하고 가는 띠로 업어주며 유년 시절을 같이 보냈다.

세월이 흘러 가정을 갖게 되었다. 남매를 낳고 잘 지내오던 삶이 갑자기 고단해졌다. IMF가 온 것이다. 매일매일 돈에 시달리고 결제일이 오면 가슴이 콩닥콩닥 뛰었다. 조금 무리를 하여 은행에 대출을 받았는데 높은 이자가 감당이 안 되었다. 사람을 바짝 마르게 했다. 어쩔 수 없이 살던 집 전세자금을 빼기로 했다. 그런데 집주인이 돈을 못 준다는 것이다. 집주인도 대출받아 건물을 지었던 모양이다. 치솟는 높은 금리에 이자를 갚지 못하자 주인의 집이 경매로 넘어갔다. 한 푼이라도 더 만들어야 하는데 전세금마저 보탤 수 없게 되니 앞이 캄캄했다. 아이도 키워야 하고 생활도 해야 하는데 어떻게 살아야 하나 걱정이었다. 남편에게 기댈 게 아니라 나도 나서야 했다. 일하려 하니 아직 어린아이들이 떠올라 눈물이 앞을 가렸다.

맨발로 나섰다. 발품을 팔아가며 정보를 얻었다. 비용 절감을 위해 웬만한 물품은 직접 만들고 그려 붙여 학원을 꾸몄다. 운이 좋았는지 몇 명으로 시작한 인원이 갈수록 늘었다. 눈코 뜰 새 없이 바쁘다 보니 보조교사도 구했다. 어린아이 돌보랴, 집안일 하랴, 늦게까지 학원생 가르치다 보니 수시로 몸살을 앓았다. 버텨야 했다. 고단했지만 그나마 다행은 학원 운영이 잘되어 살림이 불어간다는 것이다. 처음에는 이자만 내다가 원금도 조금씩 갚아나가니 희망이 보였다. 그럼에도 불구하고 승승장구하던 남편 사업은 회복될 기미가 보이지 않았다. 아무리 도움을 준다 해도 덩치가 큰 사업체다 보니 나의 수입은 푼돈에 지나지 않았고 남편의 어깨는 갈수록 처져만 갔다.

아이들 양육과 생활은 내 몫이 되었다. 바쁜 중에도 대학을 다녀 유아교육 전공을 마쳤다. 내 터에 건물을 올려 학원과 어린이집을 같이 운영했다. 아이들도 훌쩍 자랐고 내 손이 필요한 단계가 지나니 비로소 한숨 돌리게 되었다. 큰아이도 꿈을 이루기 위해 계속 학업을 이어가고 있고, 작은아이도 대학 공부를 마치고 취업이 되어 자기 길을 걸어가고 있으니 더 바란다면 욕심이 아닐까 싶다.

여태 녹녹지 않은 삶을 살아왔다. 보채는 아이를 안고 수업하던 일, 새벽부터 일어나 공부하러 먼 도시까지 왕복하며 배곯던 일들이 눈에 선하다. 남편 사업이 어려워 전전긍긍하며 눈물 흘리는 못난이처럼 굵은 눈물을 얼마나 흘렸던가. 밖에 나가 눈이 짓무르도록 운 날도 부지기수였다. 인정머리라곤 없고 목석같은 남편과 다툰 날도 더러 있었다. 그럴 때면 화를 참지 못하고 무작정 뛰쳐나가기도 했다. 그럴 땐 화가 잔뜩 난 못난이였다.

참 다행이다. 참지 못하고 주어진 내 자리를 박차고 나갔더라면 화난 못난이, 눈물 흘리는 못난이로 살고 있겠지. 고난의 시간을 보내고 좋은 날이 찾아오니 비로소 미소를 머금는다. 눈가에 주름은 있을지라도 밉상이 아니니 웃는 못난이로 만족한다.

잊고 있었던 못난이 인형을 가슴에 품어본다.

허물 벗기

친정어머니가 다니러 오셨다. 장거리 여행에 피곤하신 것 같아 피로도 풀 겸 목욕탕에 가시자 했다. 옷을 벗은 어머니가 등을 보이신다. 오래도록 잊고 있었는데 어제 일처럼 선명하게 떠올라 울컥해온다.

어릴 적 어머니는 누에를 치셨다. 집 뒤 밭의 뽕나무 잎을 바구니 가득 뜯어와 꼬물거리는 누에 위에 올려주었다. 어머니를 따라다니다 보니 누에가 크는 장면을 자주 봐 왔다. 처음에는 징그러워 쳐다보는 것조차 싫었지만 어느 순간 무던해졌다.

누에알은 처음에는 노란색이었다가 이후 엷은 쥐색으로 변했다. 그러다가 알이 깨기 이틀 전부터 서서히 검은색으로 변했다.

누에의 머리가 점점 커지면서 진하게 보여 그런다니 신기하기만 했다. 적응도 되고 또 누에가 변화하는 과정이 보고 싶어 어머니 뒤를 졸졸 따라다니게 됐다.

누에는 알껍데기를 갉아 먹고 밖으로 나온다. 깨어나 사흘간 움직이지 않는 것도 허물을 벗기 위한 것이라 들었다. 힘겹게 허물을 벗고 나온 누에를 보는 순간 어머니가 고생했다며 혼잣말을 하셨다.

가루약을 바른 것처럼 머리가 희었다. 마디마디마다 숨구멍인 검은 점이 꿈틀거렸다. 누에는 다섯 번 허물을 벗는다고 했다. 허물을 벗을 때마다 머리가 커지고 그에 따라 뽕잎을 먹는 양도 늘어갔다. 오령 누에가 되고 일주일가량 지나면 기다리고 기다렸던 비단이 되는 명주실을 탄생시키는 것이다.

사업하시는 아버지 뒷바라지를 위해 할머니가 읍내에 나가 사셨다. 그 때문에 어머니는 할아버지와 함께 농사일과 누에 치는 일을 겸했고 또 어린 자식 넷을 키워야 했다. 낮에는 농사일로 바빴고, 밤에는 소득이 높은 누에를 돌봐야 했으니 잠시도 쉴 틈이 없었다.

그날도 일상처럼 마른 솔가지를 벽에 세워 누에를 올렸다. 어두우니 잘 보이라고 의자에 호롱불을 얹어 놓았다. 그런데 일이 벌어졌다. 누에 방 한쪽에 잠을 자던 아이가 몸부림을 치면서 호롱불을 차버린 것이다. 잘 타는 솔가지에 불이 붙었다. 불을 끄려는 어머니의 노력에도 순식간에 초가집으로 옮겨붙어 곧 화마에 휩싸이고 말았다.

어머니는 잠자고 있는 자식들을 구하려 불구덩이로 뛰어들었다. 우리 사남매를 안고 나와 화를 면하게 하고 정신을 잃었다. 다행히 깨어난 어머니는 와중에도 자식들의 생사부터 물어보셨다. 불길은 어머니를 내버려 두지 않았다. 화상으로 만신창이가 되었다. 어느 곳 하나 성한 데가 없었다. 머리칼이 다 타버렸다. 그중에서도 가장 심한 곳은 등이었다. 화상으로 벌겋게 짓무른 등에서 진물이 흘러내렸다. 제대로 누울 수가 없었다.

어머니의 모습은 흡사 누에의 형상이었다. 머리칼이 다 타버려 흉했다. 거기다 흰 약을 발라놓으니 영판 누에 같았다. 끔찍해서 눈 뜨고 볼 수가 없었다. 어머니는 오랜 기간 화상 치료를 받았다. 살이 차 오르기까지의 변화를 지켜보면서 징그럽고 험악해서 얼굴을 돌리기 수차례였다. 몇 번이나 변하는 어머니의 등은 누에가 한잠 자고 또 다른 단계의 모습으로 변하기 위해 허물을 벗는 듯했다. 본래의 매끈하고 부드러운 어머니의 등을 다시는 볼 수 없었다. 세월이 흐르니 그때서야 어머니가 목숨을 건졌다는 게 얼마나 천만다행이었는지 깨닫게 되었다.

날씨가 궂은 날은 그야말로 고통이었다. 등이 쓰리고 가려워서 몹시 괴로워했다. 상처가 아물어도 벅벅 긁는 일은 일상사였다. 안쓰러움에 형제들이 돌아가면서 등을 긁어드렸고, 어머니는 연신 팔 아프다며 그만두게 했다. 그러면서도 얼마나 시원해 하시던지. 그 얼굴이 떠올라 힘들어도 그때 더 긁어드릴 걸 하며 후회한다.

어머니는 지금도 온몸을 긁는다. 평생 지고 가야 할 숙명인 듯 받아들일 뿐 조금의 원망도 없으시다. 힘든 병마를 견디면서도 오로지 자식을 위해 한평생을 사셨다. 우리 사남매를 잘 키우셨으니 이제는 그만 일 좀 놓으셨으면 하지만 전혀 들을 기미가 없으시다.

어머니는 기나긴 누에의 삶을 살아오셨다. 모든 고통을 감내하면서 비단인 최상의 명주실을 뽑아낸 것이다. 일령부터 거듭 허물을 벗으며 아픔의 세월을 보내고 이제는 흰머리가 드러난 촌로가 되었다. 얼굴 흉터는 누에의 거듭나기이며 등의 울퉁불퉁한

피부 결은 고운 비단을 뽑아낸 영예로운 상흔이었다.

어머니의 등을 밀어드린다. 예전에 만졌던 감각이 되살아난다. 거친 감촉이지만 정겹다. 숨기고 싶지도 슬프지도 아프지도 않다. 오만가지 아픔을 감내하면서 자식을 위해 헌신하셨기에 참으로 빛나고 아름다운 등이다.

오늘은 어머니를 위해 향긋한 비누로 온몸을 닦아드리려 한다.

3부

적과의 동침

마음 열기

탁구를 한다. 공을 빠르게 주고받으며 마음을 맞춘다. 혼자만 잘 쳐도 될 일이 아니다. 상대방과 호흡을 같이 해야 흐트러짐이 없다. 잠시 한눈을 팔게 되면 일사불란한 흐름이 단번에 깨진다. 곧바로 반란을 일으키며 예측하지 못한 곳으로 공이 튕겨 나가고 만다.

자질구레한 일이 밀려 있음에도 불구하고 외출 준비를 한다. 운동을 하기 위해서이다. 몇 가지 운동을 해 보았지만 시간도 어중간하고 재미 또한 없었다. 저녁 시간에 마땅히 할 만한 것은 찾지 못했다. 그때 생각난 것이 탁구였다. 다시는 라켓을 잡지 않겠다던 내가 탁구를 떠올린 것은 무슨 이유에서였는지.

초등학교 시절 탁구 선수로 활동했다. 당시의 가슴 아림이 고개를 들고 일어선다. 혹독했던 훈련과 매질을 생각하면 다시는 떠올리고 싶지 않은 기억이다. 운동이 뭔지 제대로 알지도 못했던 어린 나는 선생님의 강요에 못 이겨 탁구를 시작하게 되었다.

수업 시간을 빼면 노는 것이 전부였던 내가 갑자기 정해진 규칙에 따라 강행군을 한다는 것이 얼마나 고역이었던지. 친한 친구라고는 고작 탁구 치는 아이들이 전부였다. 훈련을 받고 난 후 다른 아이들처럼 고무줄놀이, 땅따먹기 놀이를 하고 싶었지만 쉬는 게 더 좋았다. 훈련과정이 너무 힘들고 엉덩이에 멍 자국이 가실 날이 없었기 때문이다.

코치와의 만남은 악연이었다. 코치는 우리를 엄하게 훈련시켰다. 훈련에 절어서 집에 돌아온 나는 영락없이 비 맞은 생쥐 꼴이었다. 어머니는 땀으로 뒤범벅이 된 딸의 모습이 싫은지 화를 내었다. 코치에 대한 불만이었다. 그도 그럴 것이 하나밖에 없는 딸아이가 매일 파김치가 되어 돌아오니 얼마나 마음이 아팠을까. 그렇다고 대표로 뽑혀서 훈련하는 아이를 데려올 수도 없어서 마음만 안쓰러워했다.

한 번은 어머니의 노여움이 극에 달하는 일이 생겼다. 훈련 중에 매를 맞았는데 그 일로 탁구를 그만둘 뻔했다. 어머니가 목욕을 시키던 중 나의 엉덩이에 새겨진 흔적을 보고 난리가 아니었다. 코치에게 영향이 갈까 봐 입을 꾹 다물고 있었는데 어머니가 알아차린 것이다. 어머니는 탁구를 그만 시키겠다며 선생님을 찾아갔다. 다른 어머니였어도 그럴 만했다. 엉덩이 전체가 시커먼 피멍으로 덮였기 때문이었다. 그만두려고 하는 마음을 알아차린 담당 선생님은 탁구를 그만두면 학교에 다니지 못할 것이고 다른 학교에 전학도 시켜주지 않겠다며 으름장을 놓았다. 겁에 질린 나는 언제나 시키는 대로 훈련을 했다. 하루가 멀다시피 매를 맞은 나는 어른이 되면 반드시 코치를 혼내 주겠다는 생각으로 입을 악다물었다.

결혼 후 중학생들을 가르치는 과외를 시작했다. 몇 년을 가르치다 보니 학생 수가 늘어 학원을 차리게 되었다. 코흘리개 어린아이부터 초등 고학년까지 두루 가르치다 보니 쉽지 않았다. 아이들만 잘 가르치면 된다는 생각으로 시작했는데 거짓말을 한다거나 공부하지 않겠다고 떼를 부리며 고집을 피울 때는 난감했다. 같이 일하는 교사와 보이지 않는 갈등도 때로는 힘에 부쳤다. 그러나 이런 일들은 시간이 갈수록 나아졌다. 경험이 쌓이니 아이들을 잘 다스리고 교사들과는 대화로 풀어나가니 해소되었다.

어린 시절 탁구 선수로서 너무 힘들고 지옥 같은 훈련이었지만 지금 생각하니 극기 과정이었다. 모래주머니를 종아리에 차고 운동장을 돌 때면 숨이 턱에까지 찼다. 갈 길은 멀고 운동장은 왜 그리도 넓어 보이던지. 엎드려뻗쳐 자세로 있다 보면 팔과 다리가 사시나무 떨듯 떨려왔다. 끝내 무너져 내리면 매정한 코치의 한마디는 "일어나!"였다.

첫 시합을 몇 달 남기지 않았을 때는 수업까지 제쳐두고 마지막 연습을 해야 했다. 그때의 인내는 지금 생각해도 초인적이었다. 너무 힘들어 뒷동산으로 도망을 쳤다가 잡혀 와서 벌을 받을 때는 정말 죽고 싶었다. 그만두는 생각만 했을 만큼 코치가 원망스러웠으며 미운 마음은 한동안 내 가슴에 가득 차 있었다. 그 때문에 탁구라면 진저리가 나서 아예 생각을 끊어 버릴 정도였다.

참고 견딘 이십 년 세월, 차분히 생각해 본다. 내가 살아오면서 밀려오는 고통을 인내하는 힘은 결코 그 시절의 훈련과 무관하지 않음을 깨닫는다. 지금 생각하니 진정으로 나를 지탱해 주는 큰 힘의 원천인 것이다.

코치 선생님이 생각난다. 어쩌면 퇴직을 하고 손자를 돌보고 계실지도 모른다. 만나보고 싶다. 따뜻한 눈길로 나를 바라보실 것 같다. 나 또한 흘겨보던 눈빛은 어느새 사라지고 정말 반가운 마음에 덥석 손을 잡을지도 모른다.

탁구공이 오간다. 상대방과 호흡이 잘 맞는다. 더러는 실수하거나 공을 잘 못 받으면 나도 모르게 소리를 높인다. 어느새 코치 선생님이 내게 한 말 그대로 흉내를 낸다.

"아니 그러지 말고……. 옳지, 그래요. 굿 나이스."

오늘따라 몸과 마음이 개운하다.

모임을 하며

일 처리를 하느라 모임 시간을 넘겨버렸다. 식당 문을 여는 순간 사람들의 시선이 나에게로 몰리는 듯하다. 오지 않은 일행을 기다리기라도 한 듯 쳐다보다가 아님에 이내 시선을 거둔다. 아무렇지도 않은 듯 다시 본연으로 돌아가 왁자지껄 수다 삼매경이다. 주고받는 얘기 속에 녹아드는 웃음소리와 고기 익는 소리, 술잔 부딪는 소리가 조화를 이루어 식당 안의 일상은 다소 시끄럽지만 그렇다고 거부감이 일어나지는 않는다.

한쪽에 자리 잡은 지인들이 일제히 나를 반긴다. 옆 옆의 자리를 좁혀 앉고도 남을 자리를 넉넉하게 내준다. 그동안 어떻게 지냈냐며 자신들 대화에 나를 끼운다. 나 역시 늘 만나왔던 지인들이니 거리낌 없이 말을 보탠다.

밥 때다 보니 시장기가 오른다. 삼겹살 한 점을 상추에 올려 야무지게 한 쌈 싸 먹으니 꿀맛이다. 고기 한 점에 소주 한 모금은 금상첨화다. 남이 해주는 밥이 최고로 맛있다 하지 않던가. 어느 정도 배를 채우고 얘기에 열을 올리다 보니 시간이 제법 흘렀나 보다. 소란스럽던 식당 안의 분위기도 조금씩 가라앉고 우리도 서서히 자리를 털고 일어나야 하는데 뭔가 섭섭하고 아쉬움이 남는다. 식당 밖에 나와서도 헤어지지 못하고 웅성거린다. 찻집에 가자는 의견, 노래방에 가자는 의견, 오늘은 일단 집에 가고 다음을 도모하자는 의견으로 분분하다. 결국 다음 시간을 약속하며 각자의 집을 향한다.

소화도 시킬 겸 걸어가기로 했다. 밀집 상가를 지나오면서 휘황찬란한 간판들을 하나하나 눈에 넣어보니 무슨 식당이 이리 많았나 싶다. 다양한 식당 이름과 뷔페 상호까지. 네온사인이 꺼져 있는 낮에는 전혀 인식하지 못했는데 밤거리는 낮과는 또 다른 모습으로 다가온다.

분위기가 참 많이 달라졌다. 아이들 키울 때이니 삼십 년도 훨씬 전이다. 그때는 식당도 찻집도 많지 않았다. 그러다 보니 집들이나 돌잔치, 계모임은 당연히 집에서 치렀다. 지금 생각해도 어찌 그 많은 일들을 쳐냈는지 모를 일이다.

첫아이 돌잔치에 무엇을 해야 할지 난감했다. 떡과 과일은 친정어머니가 해 오기로 하셨고 그 외 음식 장만은 직접 해야 하는데 엄두가 나지 않았다. 품목을 메모하여 시장을 봐와도 빠진 것이 있다 보니 어린아이를 업고 다시 시장에 내려가는 일이 반복되었다.

며칠 전부터 무엇을 해야 할 것인가 계획을 세웠다. 잔칫상에 빠져서는 안 될 품목을 적고 그 외에도 차려낼 음식 종류를 생각해야 했다. 손님을 초대해놓고 먹을거리가 풍족해야 면이 설 것인데 허술하면 그 또한 예의가 아니다 싶어 고민이 많았다.

수정과와 식혜는 전날 미리 만들어 두고, 찜 생선도 반쯤 말려 냉장고에 두었다. 당일은 새벽부터 일어났다. 생선도 쪄놓고, 나물거리를 다듬어 무치고, 얼려두었던 전과 튀김용 재료도 꺼내 해동시켰다. 버섯과 새우튀김, 몇 가지 전을 부치고 나니 오전이 후딱 지나버렸다. 미역국 끓이고 밑반찬을 해놓고 나니 거의 손님 올 시간이었다. 쌀을 불려 밥솥에 안치고 잠시 허리 펴나 했더니 남편이 아이를 내게 안겨주고 슬그머니 나가버리는 게 아닌가. 그때의 서운함이 아직도 떠오르는 걸 보니 많이 힘들었나 보다.

때가 되자 손님들이 한꺼번에 들어왔다. 긴 상을 몇 개 펴놓고 그 위로 음식을 날랐다. 잔 부딪히기를 몇 차례나 이어가면서 우리 가정의 행복과 아이가 건강하게 잘 자라도록 건배를 하며 축복해주었다. 식사를 마친 후 차와 과일을 들여가고도 한참이나 얘기꽃이 끊어지지 않았다. 그런데 끝이 아니었다. 담요를 접어 자리를 펴는 것이다. 대여섯 명이 둘러앉아 카드놀이를 시작했다. 큰상을 치우고 작은 술상을 다시 차렸다. 밤이 깊어가도 손님들은 일어설 줄 모르고 지친 나는 눕다시피 벽에 기대어 잠이 들었다. 첫아이 돌이 어떻게 지나갔는지. 다만 융숭한 대접을 받았다는 지인들의 후문을 듣고서 쌓였던 피로가 단번에 풀어졌음이다.

예전과 지금의 문화가 많이 바뀌었다. 예전에는 집안 대소사를 집에서 치르는 일이 많았다. 전문가가 하는 일이 아니라서 준비하는 과정이 서툴고 힘들긴 했어도 사람과의 끈끈한 정이 서로 오갔다. 축복해주고 덕담을 나누며 시간에 구애 없이 하루를 즐겼다.

그런데 지금은 달라졌다. 전문적인 사람들이 모든 일을 대행하여 준비한 자리에 모두가 참석하여 즐기기만 하면 되는 것이다. 당사자나 축하하러 온 사람들 모두가 편안하게 즐길 수 있는 것이다. 지지할만한 문화의 변화라 생각한다. 다만 아쉬운 점은 시간 제약이 있다는 것이다. 오랜만에 만난 지인들과 오래도록 보고 싶은데 야박하게 계약된 시간이 지나면 일어서야 한다는 것이다. 자리를 옮기다 보면 이야기가 끊어져 맥이 풀리기도 하고 노래방에 가면 흥을 올려야 하니 조용조용 담소할 시간이 없다. 정을 나누는 시간이 짧으니 아쉽기만 하다. 마음의 위안이나 축하의 메시지를 보내지 못하고 그냥 돌아오다 보니 뒤에 연락을 해 마음을 전할 때도 있다.

든든하게 먹었던 저녁도 조금은 소화가 된 것 같다. 저만치 집이 보인다. 오랜 시간 아이들과 같이 보낸 곳, 그곳에서 크고 작은 대소사를 치렀다. 지금은 우리 부부만 남아 한적하다. 가끔 문안 차 들리는 아이들을 기다리며 곧 태어날 손주의 돌잔치 할 생각을 한다.

종이 접기

아는 사람에게서 선물을 받았다. 종이접기로 꾸민 예쁜 보석 상자였다. 얼마나 정교하고 반듯하게 만들었는지 나무랄 데가 없다. 튼튼하다. 지인의 얼굴과 작품을 번갈아 보며 감탄했더니 자신도 이 일에 몇 개월이나 매달렸다는 것이다. 그 순간 시간이나 여건은 생각지 않고 당장 배우리라 마음을 굳혔다.

종이를 접으면서 아이들을 떠올렸다. 종이접기 기본을 체계적으로 가르칠 수 있겠구나 싶어 내 마음 또한 즐거웠다. 반복적이며 일상적인 것을 수박 겉핥기식으로만 해줄 수 없기 때문이다. 똑같은 일의 반복은 지루할 뿐 아니라 아이들의 오감을 자극할 수 없다. 아이들의 무궁무진한 창작력을 좀 더 강화하여 많은 가능성을 갖게 해주고 싶은 게 나의 욕심일지도 모른다.

기본 종이접기 작품이 완성되어 가니 다음 단계로 나아가고 싶었다. 빠르게 속도를 내었다. 처음엔 수월하더니 한 단계 한 단계 올라가면서 점점 복잡해졌다. 욕심만 내어서는 될 일이 아니었다. 숙련된 수강생들 틈에 끼어 손놀림을 빨리했다.

복잡한 모빌을 만드는 과정이었다. 7단계까지는 모양도 예쁘게 잘 접었다. 그런데 정작 중요한 부분에서는 다른 사람들보다 빨리하려고 속도를 내다 보니 어딘가 모르게 어색하다는 느낌이 들었다. 몇 단계를 더 올라가자 각이 맞지 않았다. 폈다 다시 접기를 반복하는 바람에 종이만 애꿎게 주름살이 졌다. 작품이 제대로 되질 않았다. 거의 다 완성단계에 이르렀는데 실수를 하니 종이를 구겨버리고 싶을 만큼 화가 났다. 나 자신에게 내는 화였다. 기본을 충분히 익히지 못해서인지 가속도가 붙어야 할 시점에서 더는 진도가 나가지 않았다.

다시 시작해야 했다. 제자리로 돌아가 기본부터 배우기 시작했다. 인내가 필요한 거였다. 기본이 중요하고 일에는 순서가 있다는 것을 느끼는 순간이다. 제대로 접지 못해 부실하였다. 급한 성격인 내가 인내하기는 힘이 들었지만 마음을 다잡고 할 수 있다는 생각만 하기로 했다. 다시 하나씩 접기의 기본을 배우니 점차 제 모습을 갖추었다. 작품의 외형이 드러난다. 신기하고 재미가 났다. 완성된 모습이 그려진다.

삶의 궤적에서 신중해야 할 일처리를 급한 마음에 서두르다 보니 그르치고 말았다. 그럴 땐 정말 고뇌하고 힘겨워 어쩔 줄 모른다. 한동안 가슴앓이를 하다가 마음 한자리에 상처를 입은 다음 다시 제자리로 돌아온다. 앞만 쫓다 보니 삶의 여유를 잃어버려서이다. 잠시 긴 호흡을 하며 본래 마음으로 돌아와 여유를 가져본다.

어느 정도 배우고 나니 욕심이 생겼다. 뛰어든 김에 자격증을 따기로 마음먹었다. 그러나 기간이 너무 촉박했다. 앨범 완성 기한이 얼마 남지 않아 야간작업을 해야 했다. 일주일간 거의 밤을 지새우다시피 하여 앨범을 만들었다. 잠을 못 자니 피곤하고 눈이 감겨왔다. 직장 일도 하면서 자격증 따는 공부를 해야 하니 힘들어서 포기할까도 생각했다. 하지만 여태까지 어떤 일을 하면서 중도에 그만둔다는 생각은 한 번도 하지 않았기에 슬며시 오기가 생겼다. 이까짓 일로 그만둔다면 다음에 닥쳐오는 일도 할 수 없다는 생각이 들어 이를 악물었다. 할 수 있을 것이다. 완성이 눈앞에 보이는데 몸살이 왔다. 링거를 맞으면서도 접기를 계속했고 결국 필기시험을 치른 후 자리에 눕고 말았다.

사무실 한쪽 벽에 완성된 작품들이 어우러져 있다. 여러 가지 종류의 꽃 모양에서부터 동물, 또 주변의 풍경을 담은 여러 가지 작품들에 깊은 애정이 간다. 이들을 쳐다보면서 나도 모르게 미소를 짓는다. 작품 하나하나를 만드는 과정이 뇌리를 스친다. 인내를 요하는 시간들이었다. 하나하나 만지고 쓰다듬어 본다. 벽에 걸려있는 작품들이 나에게 미소를 보낸다. 나 스스로 저걸 어떻게 다 만들었나 싶어서 뿌듯한 마음이다.

왜 자꾸 일을 벌여서 나 스스로 힘드나 자책도 했다. 가끔은 남들의 재주를 부러워하며 지나쳐도 좋을 것을 뭐든 알아야 한다며 해보려 하고, 또 시작한 일은 힘들어하면서도 끝까지 완성시켜야 하는 나의 욕심을 잠재우려 한 적도 있었다. 지인들에게서 욕심이 많다는 얘길 듣는다. 나쁜 뜻으로 한 말은 아닐 것이다. 나 또한 좋은 의미로 받아들인다. 하고 싶은 것도 많고 한 가지 일에 몰두하면 끝맺음을 해야 해서 그런 말을 듣는 것이라 생각한다.

기어코 자격증을 따냈다. 남들도 다 하는 일이겠지만 새삼 나 자신이 대견스럽다. 바쁜 중에도 한 가지씩 무언가를 이뤄간다는 것은 나를 도태시키는 것으로부터 구해내는 일이라고 확신하기 때문이다.

내일은 아이들에게 종이접기의 기본을 가르쳐 줄 참이다. 차례에 맞게 가르치면 아이들도 인내하면서 그 속에서 얻는 성취감을 느낄 것이다. 모든 일에는 그에 맞는 순서가 있음을 종이접기를 하면서 배웠다. 빨리 접는 것보다 조금 느리더라도 올바르게 할 수 있도록 가르칠 것이다.

아이들은 제각각 코스모스와 잠자리를 만들고, 또 무적로봇과 튼튼한 탱크, 팽이와 딱지를 만들겠지. 만들다 보면 모든 일에 순서와 과정이 있다는 것도 깨칠 것이다. 그런 과정에서 아무도 생각지 못한 새로운 영감을 얻을지 어찌 알겠는가.

지인들의 얼굴이 환해지도록 작품을 선물할 참이다.

치야 인형

침대 커버를 바꿨다. 환해진 분위기에 덩달아 커튼도 바꿨다. 그러다 보니 색이 바랜 벽지를 떼어내고 도배까지 하게 되었다. 산뜻해진 방안이 예쁘다. 마음이 개운하다. 그런데 일이 생겼다. 침대 커버로 시작된 분위기 바꾸기는 엉뚱한 곳으로까지 번지고 말았다. 공간만 차지한 채 쓰임이 없는 물건들을 버리고 싶은 충동이 일었다. 아낌없이 집안의 물건들을 몽땅 챙겨서 대문밖에 갖다 놓았다.

장롱 속도 매일반이었다. 장롱을 채울 만큼 옷이 걸려있고 서랍 안에도 잔뜩 누워서 고참 행세를 하고 있다. 유행이 지나 입지 않는 옷들이 대부분이다. 긴 잠을 재워 먼지가 가득 앉았다.

장롱의 맨 아래 서랍을 여니 곰 인형이 눈에 들어온다. 잿빛 털이 곱슬곱슬한 '치야'라는 곰 인형이다. 큰아이가 어릴 적 한 몸처럼 품었던 인형이다. '치야'는 아직 말을 잘하지 못했던 아이가 '친구야'를 '치야'로 발음한 것이 그대로 이름이 되고 말았다. 정리하는 바쁜 내 손을 치야 인형이 붙들고 놓아주질 않는다.

맞벌이를 하다 보니 아이에게 관심을 다 줄 수 없었다. 두 돌배기 아이를 떼어 놓고 출근하는 것이 고역이었다. 아침마다 다리에 매달려 가지 말라고 우는 아이를 떼어내기는 쉽지 않았다. 나의 눈에도 눈물이 맺혔지만 그렇다고 일을 놓을 수도 없는 처지였다. 온종일 아이가 눈에 밟혀 일을 마치면 허겁지겁 집으로 달려오기 바빴다. 좋아하는 과자와 아이스크림을 안겨주어도 마다하고 아이는 내 품에 안겨 떨어지질 않았다.

매일 저녁 아이는 잠이 들 때까지 내 품을 벗어나려 하지 않았다. 그러던 중 아이 아빠가 곰 인형을 사 왔다. 겉이 보풀보풀해 부드러웠고 속도 메밀을 넣어 딱딱하지 않아 아이가 가지고 놀기 좋을 것 같았다. 초롱초롱한 눈망울이 정이 드는 데다 예쁜 앞치마를 두르고 있으니 귀여웠다. 그러나 아이는 곰 인형에 관심이 없었다. 안겨주어도 곧바로 던져버렸다. 내 품에 안겨 잠들 때까지 내

팔을 만지작거릴 뿐 옆에 둔 곰 인형엔 조금의 정도 주지 않았다.

그러던 어느 날, 늦은 퇴근을 했다. 일하면서도 울고 있을 아이 걱정뿐이었다. 허겁지겁 달려와 문을 여니 아이가 잠들어 있었다. 그것도 곰 인형 치야를 꼭 껴안고. 눈물이 났다. 아이를 안으려 곰 인형을 빼는 순간 뒤척거리며 손에 힘을 주는 게 아닌가. 그때부터 아이는 나 대신 곰 인형 치야에 의지했다. 종일 치야였다. 얼마나 만졌던지 부분 부분이 헤졌다. 손때가 묻고 낡고 닳은 데다 팔마저 떨어지기 직전이었다. 쓰레기통에 버리려 하니 난리가 아니었다. 아이의 애착을 묵과할 수가 없었다. 다른 인형을 사다 주었다. 그런데 아이는 외면했다. 무슨 영문인지 곰 인형 치야만 찾았다. 어쩔 수 없이 떨어진 치야 인형의 팔을 여러 번 수선해 주었다.

잠이 오면 치야 인형을 끌어안고 냄새를 맡으며 잠이 들었다. 아이에게 곰 인형을 치우고 베개로 바꿔줄 수가 없었다. 몸에서 떼어내지 못하도록 꼭 끌어안고 자기 때문이었다. 곰 인형을 건드리면 벌떡 일어나니 세탁하기도 어려웠다.

하루는 너무 더러워 세탁기에 빤 적이 있었다. 놀다가 지쳤는지 잠을 자려고 치야 인형을 찾았다. 못 본 척하며 동태를 살폈더니 온 집안을 찾아다니는 것이었다. 결국 찾지 못하자 막무가내로 울음을 터트렸고 펄쩍펄쩍 뛰며 안절부절못했다. 울음을 그치게 하기 위해 어쩔 수 없이 서둘러 탈수를 했다. 수건으로 인형을 말아 밟고, 선풍기에 말리고, 또 다리미로 다려 안겨주었다. 아직 덜 말라 축축했지만, 아이는 기어코 물기가 가시지 않은 축축한 인형을 안고서야 잠이 들었다.

치야 인형이 바쁜 나의 손을 움켜잡고 놓아주질 않는다. 나의 바꾸기 작업에 항변한다. 편리함과 깨끗함을 원해 이것저것 다 갈아 치우는 내 행동에 차단기를 내리려 한다. 버려지기 위해 여기저기에서 끌려 나온 것들의 앞에 서서 내게 궐기하고 있는 것이다.

"새것만 찾지 말아요. 깊은 정이 든 것들인데......"

곰 인형의 항거를 못 본 척하려 했으나 절규의 목소리로 내게 다가선다. 아이의 얼굴을 하고 코앞에 버티고 서 있다. 나는 다시 고뇌에 빠지고 만다. 벽지와 커튼도 아직은 쓸 수 있었던 것을. 나 하나의 기분 전환을 위해 바꾼 것이란 생각이 곰 인형의 항변을 따라 일어선다. 너무 쉽게 바꿔치기하는 내 마음에 곰 인형은 묵직한 의미를 던지고 있다.

잠이 오지 않는다. 며칠간의 일들이 순식간에 스쳐 지나간다.

그 많은 경비가 절규하며 내 시야에서 멀어져 간다. 며칠 동안 나의 바꾸기는 본래의 내가 아니었다며 스스로 위로 하려한다. 충분히 쓸 수 있는 것을 한순간의 기분으로 버리려 했던 것은 무슨 이율까.

일찍 일어났다. 당장 할 일이 있기 때문이다. 대문 앞에 나가본다. 정든 물건들이 눈에 들어온다. 내다 놓은 물건들이 추위에 떨며 한밤을 지낸 것이다. 이것들을 다시 끌어안고 살아야겠다. 원래 자리로 들여야겠다. 다시 들이는 동안 힘은 들었지만 마음은 새털처럼 가벼워진다.

다시 채워진 자리에 '치야 인형'을 살며시 올려놓는다. 낡고 퇴색해 새것에 견줄 수는 없지만 뭉글뭉글한 정이 배어 있다. 감사한 마음인지 따뜻한 시선으로 나를 바라본다. 나 역시 치야 인형을 바라보는 시선이 다정하다. 한동안 서랍에 갇혀 있던 치야 인형이 이제 대접을 받는 모양이다. 오랫동안 나 대신 큰아이의 어미가 되어준 것에 대한 답례다.

치야 인형을 보는 큰아이의 얼굴은 어미를 보는 듯 평온하기만 하다.

등산길에서

산에 오른다. 자연의 순박함을 껴안아 보고 싶어서이다. 가식과 인위적인 것에 둘러싸여 흠씬 지쳐버린 일상을 조금이나마 위로하기 위함도 있다.

이곳은 몇 년 전에 한번 다녀갔다. 아름답고 포근했던 느낌을 받았기에 다시 찾게 되었다. 그런데 생각은 여지없이 무너졌다. 많이 달라져 있었다. 등산로는 넓어져 사람이 다니기 편리하게 정비되어 있었다. 그러나 예전에 밟았던 폭신한 촉감이 없다. 옷을 입히고 화장을 해놓은 것처럼 잘 가꾸어 놓았지만 자연미가 느껴지지 않는다. 사람들의 손길에 의해 꾸미고 만들어진 흔적이 여기저기 드러나 있다. 적당히 흐트러진 숲의 돌계단이 완벽

한 모습으로 재정비되어 턱 버티고 있다는 느낌이다.

정말로 이곳을 다녀갔었나 싶은 생각이 들 정도로 낯설기만 하다. 경사진 길은 등산객끼리 잡아주고 밀어주면서 올랐고, 어쩌다 미끄러져 엉덩방아라도 찧으면 모두 환하게 웃음을 터트리며 즐거워했던 길, 그 길이 돌계단으로 바뀌었으니 이제 웃을 일이 하나도 없다. 편리할지 모르지만 넘어지면 오히려 크게 다칠 수 있다.

곳곳이 사람들의 손길에 의해 만져지고 다듬어져 있는 모습을 보면 자연의 부분 부분을 고치고 덧칠한 것이 못내 아쉽고 서운하기만 하다. 아무 데도 건드리지 말고 자연 그대로 둔다면 얼마나 좋을까. 그대로 두고 싶다. 흙에 거꾸로 박혀 못나 보이는 돌이라 할지라도 제자리에 그대로 두면 안 되는 것일까. 잘못 자라 휘어진 나무도 베어내지 말고 그대로, 빗줄기에 푹 파인 구덩이도 그대로 둔다면 크게 잘못되는 것일까. 생각해 본다. 모든 나무가 똑같지 않고, 돌 역시 모양과 크기가 제각각이기에 예쁘고 미워 보이는 것이 아닐까. 모두 한결같이 예쁘고 아름답다면 그 또한 멋없는 일이 아닐까. 만약 그렇게 된다면 세상의 조화는 사라질지도 모른다. 똑같으니 무슨 조화와 구분이 필요할까.

언젠가 미인대회 방송을 본 적이 있다. 비슷한 머리 모양을 하고, 같은 옷을 입고 있으니 다 예쁘고 쌍둥이 같아 보였다. 늘씬하고 아름다웠지만 똑같은 느낌이 들어 특별하게 매력 있는 미인이 없었다는 게 솔직한 생각이었다.

번잡한 거리를 사람들이 걸어간다. 매끈한 몸매는 인형처럼 예쁜 얼굴을 돋보이게 한다. 어디 흠잡을 데 없이 완벽하게 아름답다. 쌍꺼풀진 커다란 눈, 클레오파트라처럼 오뚝한 코, 백설 공주처럼 맑은 피부는 보는 이의 눈을 시리게 한다. 거기다 몸맵시는 웬만한 미인대회 나가도 손색이 없을 정도로 완벽해 보인다.

그런데 놀라운 것은 그들 중에 만들어진 미인이 있다는 것이다. 유명 배우인 누구도 성형을 했으며, 남자가수도 그렇다더라 하는 얘길 듣고 놀랐다. 성형하기 전의 얼굴이 더 잘 생겼는데 굳이 얼굴을 왜 고친 걸까. 도대체 왜 성형을 한 건지 모르겠다.

욕망을 생각하는 오늘이다. 만족하지 못하고 더 나아지기 위해 아픔을 감수하는 사람들을 보면 욕망의 끝은 없는 듯하다. 성형이 갑자기 유행처럼 번진 것은 대중매체가 큰 역할을 하지 않았나 싶다. 한 사람이 다른 사람에게 끼치는 영향은 크다. 너울이 번지듯 금세 퍼져간다. 지금은 아이들까지도 예뻐진다니까 성형을 하려 한다. 예뻐지려면 잠시의 고통을 참을 수 있다는 식이다. 성형은 당분간 계속될 추세라는 방송을 들었다. 문제는 어린아이들도 그 여파로 성형을 원한다면 부모들은 어떻게 대처할지 답답하다.

걱정거리는 성형으로 인한 후유증이다. 잘못되어 죽음을 선택하는 경우도 있었기에 걱정이 아닐 수 없다. 아름다움이 전부인 줄 착각하는 젊은 여인들도 있는데, 결국 유혹을 뿌리치지 못하고 성형을 택한다고 한다. 위험이 뒤따름에도 한군데 고치고 나면 또 시도하는 중독 증세를 보인다니 심각하다.

걱정이다. 딸아이가 고쳐야 할 곳이 몇 군데 있기 때문이다. 웬만하면 다 있다는 쌍꺼풀도 없고 머리숱도 적다. 가만히 뜯어보니 코도 클레오파트라만큼 되려면 한참 멀었다. 그러나 난 전혀 아이의 모습을 바꾸고 싶지 않다. 그대로의 모습이 진짜 내 딸 같고 정이 간다. 그런데 정작 딸아이가 성형을 하겠다고 우기면 어쩌나. 돈도 돈이지만 깎고 다듬는 과정이 얼마나 고통스러울 것인가. 새삼 딸아이를 미인으로 낳아 주지 못한 것이 미안해진다.

"쌍꺼풀 수술할래?"

그 소리를 들은 딸아이가 진저리를 치며 고개를 좌우로 흔든다. 아직은 딸아이가 성형하겠다는 생각이 없는 모양이다. 그나마 한시름 놓인다. 시간이 흐르고 아름다움을 추구하는 시기가 오면 또 생각이 달라질지 모른다. 그러기 전에 자연미에 대해 이야기 해주고 틈틈이 머릿속에 심어주어야겠다. 내 아이가 성형미인이라는 소리보다 자세히 보니 귀엽고 참한 데가 많다는 말을 들을 수 있기를 소망한다.

자연을 보존하기보다는 개발에 박차를 가하는 게 요즘 현실이다. 그래서 점점 산이 깎여져 평지가 되고, 그 위에 인간이 필요로 하는 구조물이 들어선다. 산이 어디까지 밀려날지 알 수 없다. 그대로 두면 될 것을 굳이 개발해 생체기를 낸다. 그러니 자연은 자꾸 몸살을 앓을 수밖에 없다.

내려오는 발걸음이 가볍지 않다. 오르내리며 나 역시 자연에 생체기를 내고 있을지 모르겠다는 생각이 문득 든 때문이다. 작은 것 하나에서부터 아끼고 사랑하는 마음을 길러야겠다.

버스 타기

신혼 때 남편 등에 바짝 붙어 함께 오토바이를 타고 다녔다. 쭉 뻗은 도로는 물론이고 포장이 안 된 길도 잘 달렸다. 불편한 줄도 몰랐고 시원한 바람에 상쾌함마저 들어 좋았다. 그러나 아이가 태어나면서부터 남편과 오토바이를 같이 탄다는 것이 힘들었다. 어쩔 수 없이 버스를 탔다. 아이를 등에 업고 시장을 본 무거운 장바구니를 들고 버스에 오르면 숨이 턱까지 찼다. 게다가 앉을 자리 없으면 도착할 때까지 서서 가야 했다. 구불구불한 길에선 앞으로 뒤로 밀리고 마구 흔들리면서 멀미가 났다.

지치고 힘들어 결국 자동차를 사기로 했다. 편해도 그렇게 편할 수가 없었다. 그동안의 노고와 지친 심신을 온전히 위로받기에 충분했다. 자가용이 있는데 굳이 버스를 타고 다닐 이유가 없었다. 운전을 해 주는 남편 덕분에 바깥일을 해결했다. 자가용이 없을 땐 아예 바깥일을 미뤘다. 편리함에 길들여져 있으니 한 걸음도 자가용 없이는 나가지 않았다. 버스를 탄다는 것은 더더욱 싫었다.

아이들이 커가면서 일을 시작했다. 차가 필요했다. 신중하게 남편과 논의한 끝에 드디어 나의 자가용이 생긴 것이다. 도로 연수를 시작했다. 겁이 많아 엄두가 나지 않았지만 그래도 이를 악물고 주행을 시작했다. 자동차를 흔히 달리는 흉기라고도 했는데 어찌 두렵지 않았을까. 조심 또 조심하며 운전에 최선을 다했다. 그렇게 십여 년을 타고 다녔는데 그만 사고가 났다. 상대방의 과실이고 내 잘못은 없다고 하는데 판정은 쌍방과실이 인정되어 나 또한 십 퍼센트의 책임을 져 비용이 들었다. 조금 억울했지만 그래도 사람이 다치지 않았으니 얼마나 다행인가 생각하며 마음을 달랬다. 이번 사고로 방어운전에도 신경을 써야 함을 절실히 깨달았다.

정비소에 맡겨지면서 어쩔 수 없이 버스를 타야 했다. 바쁜 마음을 애써 누르며 버스를 기다리는데 도통 올 기미가 없다. 조급한 마음에 심장박동이 빨라지는데 저만치에 버스가 오고 있다. 버스에 올랐다. 앞 사람이 요금 내는 것을 보고서 아차 싶었다. 지갑을 꺼내기 위해 가방의 지퍼를 열다 보니 시간이 걸렸다. 뒤의 사람들 눈초리를 감내해야 했다. 등이 따끔거리는 느낌이 잠시 느껴졌다. 문제는 요금이 얼마인지 몰랐다. 머뭇거리다가 천 원을 냈다. 거스름돈을 받으려고 기다리고 있으니 내줄 기미가 없어 내가 먼저 말문을 열었다.

"저기요, 제가 거스름돈을 안 받았는데요."

버스 기사님의 무덤덤한 목소리가 내 귀를 때린다.

"천 이백 원인데요."

"아, 죄송합니다. 제가 버스를 안타서 잘 몰랐어요.

"대중교통을 이용합시다."

순간 뭔가에 한 대 맞은 것처럼 머리가 띵했다. 바쁘다는 핑계로 틈만 나면 자가용을 이용했다.

마음이 조금 안정되니 버스 안 풍경들이 눈에 들어온다. 사람마다 제각각이다. 핸드폰을 들여다보는 사람, 멍하니 앞만 보는 사람, 창밖의 시선에 눈길을 두고 있는 사람. 나를 바라보는 남의 시선이 느껴지지 않는다. 아무도 자신 말고는 신경 쓰는 것 같지 않아 좀 전의 민폐에 부담을 내려놓는다. 버스에 오르내리는 사람들의 일상이 편하게 느껴진다. 급하지도 힘들어하지도 않는다. 편함이 몸에 배었는지 느긋할 뿐 아무렇지 않아 보인다. 이걸 어쩌나. 생각에 잠겨 내릴 곳을 지나치고 말았다. 목적지를 향해 걸어가자니 손에 든 짐이 무겁기만 하다. 자가용을 타던 습관에 나도 모르게 짐을 부담스럽게 들고 나온 탓이다.

이래저래 짧은 시간에 많은 일을 경험했다. 이후로 가끔 버스를 탄다. 여유를 부리고 싶거나 사색이 필요하거나 창밖의 정경이 그리우면 대중교통을 이용한다. 오르내릴 때도 당황해하거나 어색하지 않다. 이미 요금이 얼마인지 알고 있으니 머뭇거릴 필요가 없다. 교통카드로 계산을 하니 뒤의 사람들이 신경 쓰이지 않는다.

좌석이 참 편안하다. 시선을 밖으로 돌린다. 창밖의 사물들이 정겹다. 건물들의 상호는 물론이고 작은 글씨로 적혀 있는 전화번호까지 쏙쏙 눈에 들어온다. 어느 초등학교의 키 큰 가로수가 멋스럽기만 하다. 빠르지도 느리지도 않은 버스의 속도에 만족한다. 정류소에서 사람들이 내리고 또 오른다. 그 모습도 정겹고 재미있다.

참 편하고 좋다. 자가 운전을 안 하고 버스에 몸을 실으니 세상 여유롭기만 하다. 속도에 신경 쓰지 않아도 되고 신호 위반할 일도 없다. 운전할 때면 혹여 무단 횡단하는 보행자가 있을까, 나도 모르게 속도를 높이진 않았을까 하여 온몸의 신경이 곤두서질 않던가. 운전이 신경 쓰여 지나치는 들판의 풋풋함을 제대로 느껴보지 못했으니 이 기회에 찬찬히 볼 참이다. 대중교통을 이용하라는 기사님의 말에 늦은 대답을 한다.

"네, 그렇게 하고 있어요."

한 아이

봉사활동을 가는 날이다. 모임에서 날짜를 정해두고 정기적으로 시설을 방문하고 있다. 그날이 오면 하는 일이 바빠도 잠시 미뤄놓고 참석한다. 내가 가는 곳은 부모의 사랑을 그리워하는 아이들이 모여 있는 시설이다.

가기에 앞서 우리가 해줄 수 있는 것을 의논했다. 특기를 개발하고 적성에 맞는 것이 있다면 학원과 연결해 교육을 받을 수 있도록 하기 위함이었다. 일반 가정에서의 아이들이 부모의 사랑을 듬뿍 받으며 교육을 받는 동안 시설에 있는 아이들은 그렇지 못하다. 개개인의 개성을 일일이 개발할 수 없을뿐더러 개발하더라도 지속적인 교육을 한 아이에게만 집중할 여건이 부족하기 때문이다. 안타깝고 마음 아픈 일이 아닐 수 없다.

아이들은 관심이 많다. 오늘은 어떤 사람이 다녀갈까. 호기심 어린 눈망울로 주시한다. 다들 활발하여 거리낌 없이 내게로 다가오는데 유독 한 아이만 주위를 빙빙 돌 뿐 선뜻 다가서지 않고 있다.

특기적성 중 내가 맡은 분야는 웅변 지도이다. 주위만 빙빙 도는 아이가 자꾸 신경이 쓰여 수업하기가 힘들었다. 누구와도 어울리지 않는 아이에게 다른 아이들과 합류해 보도록 권해 본다. 그런데 묵묵부답이다. 공동체에서 한 아이의 불참이 나의 마음을 아프게 한다. 원래 저런 아이니까 선생님은 신경 쓰지 말라고 옆에 있던 아이가 말해준다.

내내 혼자 지낸 모양이다. 이젠 그곳에 있는 아이들도 으레 그런 아이라고 내버려 둔다. 그런데 나는 아니라 생각한다. 마음의 문을 잠시 닫아두고 있는 것이지 처음부터 그러지는 않았을 것이다.

시설에 있는 아이들은 이방인이 오면 잘 보이려 한다. 시선을 끌기 위해 무진 애를 쓴다. 나를 보살펴줄 좋은 양부모를 만나는 꿈을 꿀 지도 모른다. 이곳을 벗어나 새로운 삶을 시작하고 싶은 꿈을. 아버지 어머니라 부르고 싶고 언니 오빠와 함께 뒹굴며 장난 치는 꿈을. 오순도순 정겹게 지내고 싶은 소망을 이루기 위해 이방인에게 나를 보이고 싶어 가슴을 연다.

그런데 이 아이는 소질과 개성을 드러내지 않는다. 그런 마음이 없는 것 같다. 아예 낯선 사람이 오면 외면한다. 혹여 다른 사람이 날 데려갈까 봐 굳게 입을 다물고 꼭꼭 숨기는지도 모른다.

유독 그 아이에게 마음이 가는 것은 어쩔 수 없다. 쓰다듬어 주고 항시 웃음으로 대한다. 평범한 것도 너무너무 잘한다고 칭찬한다. 몇 개월에 걸쳐 관심을 준 결과 조금씩 마음의 문을 열고 나를 대한다. 빙그레 웃어주기까지 한다. 조금은 무뚝뚝 하지만 예전에 비하면 엄청난 변화다. 자주 이야기를 하다 보니 문제가 있는 아이가 아님을 느낀다. 자기를 낳아준 사람에게 버림 받았다는 깊은 상처에서 벗어나지 못하여 마음의 문이 닫혔을 뿐. 부모를 애타게 그리워하면서도 한편으론 증오하고 있었다. 오랜 기다림이 원망으로 변한 것이다.

오래전에 헤어진 혈육과 상봉하는 장면을 텔레비전을 통해 보았다. 먼저랄 것 없이 보듬어 안고 한바탕 눈물을 쏟았다. 서로 원망하고 미워하는 부분도 있었지만 부모와 형제자매는 결국 피를 나눈 혈육이기에 용서하고 화해로 이어졌다.

아이도 그런 상황이 오면 얼었던 분노도 원망도 녹이며 화해의 문을 열 것이라 생각한다. 그 아이에 대해서 자세히 모른다. 부모가 누구인지는 더더욱 알지 못한다. 어떤 사정으로 헤어질 수밖에 없었겠지만 아이에 대한 사랑이 없지는 않았을 것이다.

아이가 훗날 부모와 만나더라도 미워하지 않고 편안한 마음으로 반겼으면 좋겠다. 또 살아가면서 마음의 문을 열고 사람들과 화합하고 수용하고 포용하는 아이로 자랐으면 더 바랄 것이 없다. 만약 아이가 양부모를 만나지 못하더라도 주위에 늘 좋은 사람만 가득 차길 바란다. 아이의 마음을 잘 헤아려주고 따뜻함으로 감싸주는 사람을 만났으면 좋겠다. 엄마에게 얻지 못했던 사랑과 정을 대신 줄 수 있는 사람이 진정으로 생겼으면 하는 바람이다. 지금 그들에게 아이에 대한 어른들의 사랑이 필요하다. 내 사랑도 보태고 싶다. 아이에게 사랑이 자꾸 더해진다면 그 사랑을 먹고 다른 이에게 사랑을 베푸는 훌륭한 사람으로 성장할 수 있으리라.

오늘도 한 아이를 생각하며 봉사하는 날을 손꼽아 기다린다.

오리발

퇴근하고 잠시 시간을 내 수영장에 다닌다. 물에 빠지면 헤엄을 쳐서라도 물 밖으로 나와야 한다는 생존본능이 발동해 수영을 배우기로 마음먹었다. 아직 초보라 겁이 많다.

수영복으로 갈아입고 수영모에 물안경을 썼으니 제법 근사한 수영 선수 같다. 물이 깊으니 처음에는 킥보드에 몸을 맡겨 물과 친해지려 했다. 물갈퀴를 닮은 오리발을 신는다. 갑자기 웃음이 난다. 오리발과 진짜 똑같아서다. 오리발 모양을 보고 만들었으니 오리발로 불리는 게 당연하지. 수영이 서툰 나에겐 더없이 고마운 존재다. 깊은 물에 들어가기가 무서워 엄두를 내지 못하고 있다가 오리발에 용기를 내었다. 좀 더 익숙해지면 멋지게 물살을 가르며 앞으로 나가볼 참이다.

오리발을 보면 떠오르는 사람이 있다. 수영하면서 알게 된 사람도 아니고 오리를 닮아서도 아니다. 오리발은 물갈퀴와 같은 뜻으로 오리, 기러기, 개구리 등의 발가락을 말하기도 하지만 엉뚱하게 딴전을 부리는 것을 비유하는 말로 쓰이기도 한다.

오리발이 후자의 의미로 다가온 사건이 있었다. 첫 만남에서 그는 나에게 너무 호의적이었다. 직급은 내가 위지만 나보다 오래 근무했으니 나 또한 그 사람을 만나게 되어 참 다행이라 생각했다. 성실해 보였다. 일을 미루거나 떠넘기지 않고 먼저 앞서 나가니 자연스럽게 신뢰가 쌓여갔다. 일정 부분을 나의 결재 없이 하도록 권한을 주어 맡겼다. 그것이 화근이었다. 그 사람에게 지나친 우월감을 가지도록 만든 것이다. 어느 순간 뭐든 자기 선에서 해결하고 알리지 않았다. 어쩌다 얘기를 하면 별말 아닌 데도 간섭으로 들렸는지 나에게 화살을 퍼붓듯 쏘아댔다. 왜 저러지. 따끔하게 얘길 해야 하나 싶어도 마음뿐 겉으로 드러내지 못하고 속앓이를 하며 하루하루를 보냈다.

참았다. 언젠가는 나의 진심을 알게 되겠지. 스스로 위안을 삼으며 나를 다스렸다. 인내하며 기다렸다. 그러나 몇 달 동안 그에게 나는 투명 인간이었다. 나의 위치는 없었다. 점점 그 사람에 대한 배신감으로 치가 떨렸다. 어느 줄에 서면 이득인지를 잘 아는 사람이었고 그렇게 행동했다. 갈수록 실망이었다. 나에게 호의를 준 것도 나를 이용하기 위함이었다는 것을 생각하니 정이 떨어졌다. 한순간도 같은 공간에 있고 싶지 않았다. 같이 숨을 쉬어야 한다는 것이 너무 힘들었다. 하루를 지내는 것이 십 년 같아 힘들었다. 그럼에도 그만둘 수가 없었다. 맡은 책임을 다하고 싶었다. 업무에 한치의 소홀함 없이 최선을 다했으니 실수가 없었다.

어느 날 그가 내게 가까이 다가오고 싶다는 속내를 비쳤다. 드디어 나의 진심이 통하나 했는데 며칠 지나지 않아 사건이 생겼다. 나를 거쳐서 일처리를 해야 하는데 자기 마음대로 해서 벌어진 일이었다. 내가 진작 알았더라면 잘 해결될 일이 커졌으니 이번에는 참지 않았다. 잘못된 행동임을 따끔하게 나무랐다. 그 일이 있고 나서 복도를 지나다 그 사람의 거친 목소리를 듣게 되었다. 누군가에게 나의 얘기를 하는 모양이었다. 입에 담기도 싫은 험악한 욕설을 해댔다. 순간 피가 거꾸로 솟았다. 나를 상사로조차 생각하지 않는 막된 행동이었다.

기가 막혔다. 차라리 나에게 직접 얘길 했다면 분노가 덜했을 것이다. 그 사람을 불렀다. 상황을 말하자 그런 소리를 한 적이 없다고 딱 잡아떼는 것이다. 누가 그런 소리를 했냐며 오히려 큰 소리로 대들었다. 한마디로 오리발이었다. 아무도 그런 험한 말을 지어낼 리 없지 않느냐 하니 더는 억지를 쓰지 못했다. 지나가다 들었을 뿐인데, 하소연한 사람에게 가서 일렀다고 다그쳤다니 정말 어처구니가 없었다.

이후 사정 봐주는 일은 없었다. 그에게 맡긴 권한도 다시 돌려받았다. 잘못을 인정하는 사람은 그나마 여지가 있다. 무엇을 잘못했으며, 그 잘못을 솔직하게 인정하고 있기 때문이다. 그러나 자기의 잘못을 인정하기는커녕 오히려 상대방을 탓하고 원망하고 있으니 적반하장 아닌가. 자기의 잘못으로 치부가 드러나는 것에 대해 화를 내고 있으니 더는 상대를 하지 말아야 할 것 같다.

일하면서 여전히 그 사람을 만난다. 그러나 업무 외는 말을 섞지 않는다. 예전과 달리 마음을 열거나 정을 나누려 하지 않는다. 잘못된 행동을 돌아보고 고쳐나가기를 바랐지만 아직도 그럴 기미를 보이지 않는다. 자기의 할 일을 잊은 척하거나 실수를 해놓고도 모르는 척 태연함을 가장한다. 맡은 일을 얼렁뚱땅 자기 방식으로 해나가고 잘못되어도 오리발이나 내밀고 있는 사람을 과연 직장 동료라고 다 받아주어야 하는 건 잘못된 방임이라 생각한다. 직장 생활을 오래 하여 경력이 많은 것은 인정한다. 그것을 빌미로 자기 마음대로 행동하고 아무에게나 소리치고 듣고 싶은 말만 들으려 하는 것은 결코 옳은 일이 아니라 생각한다. 그를 만난 지 육 개월이 되었다. 초창기의 살벌하고 냉랭한 분위기는 사라졌지만 그 사람과 나의 사이에 정도의 선은 그어져 있다.

더는 닭 잡아먹고 오리발 내민다는 의미로 사용되지 않았으면 좋겠다. 수영을 도와주는 좋은 의미로의 오리발, 힘듦을 받쳐주는 고마운 오리발이면 더욱 좋을 것이다.

오늘도 오리 발의 도움으로 힘찬 발차기에 여념 없다.

적과의 동침

올해는 팔월 말쯤에 장마가 시작된다는 예보를 들었다. 점점 시기가 뒤로 밀리고 있다. 기상이변의 조짐인가. 모든 동작이 비로 인하여 느리기만 하다. 익어가는 고추를 따서 말리는 작업을 하고 있다. 잘 건조된 고추를 챙고 한곳에 두었다. 그런데 어느 사이 힘겹게 말린 고추가 조금씩 줄어들고 있다.

영문을 몰라 주위를 살폈다. 씹어 놓은 것처럼 엉망이 된 고추가 구석진 자리에 수북이 쌓여있다. 누구의 소행일까? 설마 쥐가 그랬을까? 아니겠지. 못쓰게 된 고추를 치우고 그 자리에 말린 고추를 다시 두었다. 그런데 똑같은 일이 벌어졌다. 무슨 이런 일이. 황당하고 답답해 이웃집 할머니에게 물어보았다. 설마 했는데 쥐가 한 일이라고 한다.

설마 했는데 쥐가 한 일이라고 한다. 씨를 먹기 위해 고추를 엉망으로 만들다니 괘씸한 생각이 든다. 봄부터 온갖 어려움을 겪고 애써 지은 고추 농사를 망쳐놓다니. 힘들게 말린 고추를 한입에 꿀꺽 해치우는 쥐를 어떻게 하든 잡아야 했다.

한 달째 쥐와 동침하고 있다. 잡고야 말겠다는 굳은 신념으로 녀석을 노린다. 쉬이 잡히지 않을 것 같아 걱정이다. 집 뒤로 산과 들이 펼쳐져 있다 보니 들쥐나 산짐승들이 많다. 곳곳에 쥐약을 놓아두었지만 약아빠진 쥐는 내 머리 위에 앉아있다. 나 잡아보란 듯 비웃으며 제집 인양 곳곳을 드나들며 쏘다니고 있다.

녀석의 소행은 끝이 없다. 구석구석을 돌아다니며 나의 일거수일투족을 살피며 약을 올린다. 사투를 벌이고 있다. 어떻게 해서든 잡아야 한다. 끈끈이 쥐약을 놓기로 했다. 놓는 장소를 이리저리 옮겨가며 유인을 하는데도 걸려들지 않는다.

끈끈이가 놓여 있는 곳에 절대 시선을 두지 않는다. 혹시 쥐가 붙어 발버둥 치고 있을까 싶어서이다. 생각만 해도 진저리가 쳐진다.

생각만 해도 진저리가 쳐진다. 안 좋은 기억은 오래 남는지 유년의 일이 떠오른다. 장마철이라 비가 억수같이 쏟아졌다. 저녁 때가 지나도 어머니가 오지 않았다. 농사에 매이다 보니 걸음을 재촉하여도 이미 늦은 저녁이었다. 밤마다 끙끙 앓는 어머니가 가여웠다. 그런 어머니를 돕기 위해 밥을 지으러 부엌으로 나갔다. 생전 처음으로 하는 밥이라 잘 할 수 있을지 걱정이 앞섰다. 그동안 어머니가 밥하던 순서를 떠올리며 쌀을 씻어 솥단지를 연탄불에 올렸다. 어린 나이였어도 어머니를 한숨 돌릴 수 있게 하고자 마음을 내었다. 나의 행위는 칭찬으로 이어졌고 밥하는 일은 내 몫이 되었다. 그저 칭찬받는 것이 기뻤다. 어느 때는 밥이 타는 것도 모르고 어머니가 기뻐하시는 모습만 떠올렸다.

한번은 반찬을 하려고 찬장 문을 여는 순간 기겁을 했다. 물엿통에 쥐가 팅팅 불어 죽어 있었다. 끈적임에 빠져나오지 못하고 애쓰다 결국 죽은 것이다. 그때의 충격으로 쥐 얘기만 들어도 진저리가 쳐진다. 정신적인 충격이 심해 쥐를 보면 기겁부터 하니 남편이 어이없다는 듯 쳐다본다. 지금도 쥐라면 경기를 일으킨다. 징그럽기도 하지만 그때가 생각나 온몸에 소름이 돋기 때문이다.

드디어 쥐 한 마리가 잡혔다. 한 마리가 아닐 거라는 생각에 계속 지켜보기로 했다. 이어 작은 새끼 쥐가 끈끈이에 붙었는데 아직 살아있다. 없애야 함에도 마음이 복잡하다. 아직 어린데. 어떻게 하나. 징그럽기도 하고. 여태 저지른 소행이 괘씸했지만 살려주고 싶었다. 아직 어린 새낀데 싶어 남편더러 살려주라 부탁했다.

아무리 많은 끈끈이 쥐약을 놓아둔다 해도 쥐가 다 없어지지는 않을 것이다. 아파트도 아니고 사방이 훤히 트여있는 주택에서 쥐를 다 잡아내는 것은 턱없는 일. 밭에 나가도 후다닥 달아나는 쥐, 장독간에 나가도 역시 후다닥 도망가는 쥐다. 널려 있으니 무슨 수로 감당할 것인가. 차라리 그냥 두는 게 낫지 않을까. 죽어 나자빠져 있는 걸 보는 것이 나에겐 더 악몽 같다.

대신 내가 좀 더 단속하면 될 일 아닌가. 쥐가 달려들지 못하도록 잘 말린 고추는 빻아서 냉장고에 보관해두고, 옥수수, 마늘, 파, 상추 씨앗도 가는 망에 넣어 잘 매달아두면 될 일 아닌가.

이젠 마음을 좀 더 크게 먹어야겠다. 어린 시절 놀랐던 기억도 지워버리고 녀석에 대한 소름도 내버려야겠다. 작은 녀석이 뭐라고 지레 겁먹고 떨고 오한이 나도록 질리는가. 온 동네가 시끄럽도록 소리 지를 필요가 뭐 있나. 같이 사는 거다. 나는 나대로 녀석은 녀석대로 모른 척 슬슬 피해 다니면서 한 집에 기거하는 거다.

내일 아침 일어나는 대로 끈끈이 쥐약부터 거둬야겠다.

까마귀

참 얄밉다. 이른 아침부터 가로등에 앉아 두리번거리며 연신 주위를 살피기 바쁘다. 쫓아내려 손짓을 해도 소용이 없다. 높은데 앉아 나 잡아보란 듯 꿈쩍도 하지 않는다. 오로지 자리 비우기만 노리고 있을 뿐이다.

영악한 까마귀 소행은 끝이 없다. 잠시 외출하면 그사이 내려와 음식 쓰레기통을 열어 난장판을 만들어 놓는다. 부리가 얼마나 단단한지 잠가 놓은 쓰레기통을 쉽게 여니 기가 막힐 뿐이다. 조용히 먹고 갈 일이지 주위에 흩어놓는 건 무슨 심보란 말인가. 비로 쓸어 담고 냄새가 날까 하여 물로 씻어내니 이것도 일이다. 귀찮고 바쁠 때는 화가 있는 대로 솟구친다.

쓰레기통 옆에 쓰레기 봉지를 내놓는데 그것마저 낚아채 날아오른다. 자기 몸의 몇 배가 되는 쓰레기 봉지를 물어 가니 천하장사다. 밖에 두면 남아나는 게 없다. 며칠 전 일하는 아저씨들 새참으로 준비해 둔 과일과 삶은 달걀을 잠시 탁자 위에 두었는데 잽싸게 물고 가버렸다. 가족인지 친구인지 모르지만 한 마리가 울면 또 다른 까마귀가 모여든다. 합세하여 온갖 행패를 부리니 폭군이 따로 없다.

해 저물 때 울음소리를 들으면 등골이 오싹해진다. 어렸을 때 어른들은 까마귀를 참 싫어했다. 흉조라 하며 쫓아내었다. 동네 초상이라도 나면 "그래서 어제 그렇게 까마귀가 울었구나." 하며 입을 모았다. 온몸이 숯덩이처럼 검은 데다 눈알을 이리저리 굴리고 있으면 섬뜩하여 아무리 좋은 구석을 찾으려 해도 찾지 못한다.

나 역시도 그런 까마귀가 싫어 문전박대 한다. 먹을 것도 집안으로 들여놓고 건들지 못하게 차단한다. 한두 번도 아니고 두어 점 물어 가면 될 일을 온 마당에 흩트려놓고 보란 듯이 날아가는 그 녀석은 예쁜 구석이라곤 찾아볼 수가 없다.

고구려 시대에 까마귀를 '삼족오'라 하여 시조새로 숭배하였다는데 뭐가 그리 좋단 말인가. 까마귀만 싫다. 다른 새들은 까마귀처럼 굴지 않으니 싫을 이유가 없다. 종일 지저귀는 소리도 예쁘고 여러 마리가 와서 나무속으로 기어들어도 앙증맞고 귀여워 놀다 가라고 할 판이다.

그런데 까마귀에 대한 생각을 바꾸는 계기가 있었다. 걷기 운동을 하느라 산책 중이었는데 길에 까마귀가 무리 지어 앉아있는 게 아닌가. 쫓으려 손짓을 하고 고함을 질러도 날아가지 않는 게 이상했다. 가까이 가도 두어 걸음 물러나기만 할 뿐 날아가지 않았다. 나에게 해코지라도 할까 조심스레 다가가 보니 까마귀 한 마리가 죽어 있었다. 치울 수도 없고 하여 뒷걸음으로 물러나자 까마귀가 다시 모여들었다. 죽음을 슬퍼하는 듯 울어댔다. 시끄럽고 괴기한 울음이 아니라 진짜 구슬프게 우는 듯했다. 애통해하는 까마귀 무리에게 숙연함마저 들었다.

한낱 미물이지만 서로 기쁨과 슬픔을 함께 나누고 도와가며 살아가는 까마귀를 보며 잠시 각박해진 사회를 떠올렸다. 연일 뉴스에서 보도되는 '묻지마 범죄'가 가슴을 아리게 한다. 제 탓보다는 남 탓으로 돌리고, 알지도 못하는 사람을 아무렇지 않게 해치는 일이 빈번히 일어나고 있다. 우리나라를 치안 안전 국가라는데 그 말이 무색해졌다. 마주치는 사람을 경계하고, 남을 믿지 못하는 세상이 되어 우울하기만 한데 까마귀의 행동은 잠시나마 내 마음의 경계를 풀어주었다.

일본에서는 까마귀가 행운을 가져다주는 길조라 하여 환영받는다고 한다. 다른 새들에 비해 영리하고 또 부모를 지극정성으로 섬긴다. 어릴 때 부모가 주는 먹이를 먹고 자라 어른이 된 까마귀는 늙고 병들어 음식을 못 먹는 부모를 위해 정성껏 봉양하는 효자라 한다. 흉물스럽게만 보이던 까마귀에 무한한 애정이 간다.

오래전 이곳은 짐승들의 터전이었다. 전원마을이라는 이름을 걸고 개발이 시작되기 전까지 전망 좋은 명목으로 개발에 박차를 가했고 그 바람에 짐승들은 터전을 잃고 쫓겨났다. 그럼에도 원래부터 내 땅이야 하며 물 마시러 오고 배고파 먹을거리를 찾아 날아드는 그들을 무작정 쫓아내기만 했다. 그동안 까마귀의 행동은 내 터전이고 내 집이니 돌려달라며 항변한 것은 아니었을까. 갑자기 미안해진다. 먹을 것이 많은데 어지럽힌다고 목소리를 높인 내가 진정 적반하장이었나 싶다.

이젠 까마귀에게도 한 곳을 내어주어야겠다고 생각해 본다.

4부

황금송

튼실한 열매

알람 소리에 눈을 뜬다. 찬물로 세수를 한다. 그제야 정신이 번쩍 든다. 이 시간이 눈코 뜰 새 없이 제일 바쁘다. 출근 전에 집안일을 해놓아야 일이 밀리지 않는다. 아이들을 깨우는 것도 일 중 하나다. 아침을 차려놓고 큰아이, 작은아이를 깨우러 간다. 아직도 응석받이인 작은아이는 일어날 기미가 없다. 이럴 땐 겨드랑이를 공격하며 간지럼을 태운다.

바쁜 아침 일상을 끝내고 출근하면 할 일이 있다. 멀리 사는 원아를 태우러 가기 때문이다. 아이는 어린이집과 한참 떨어진 농촌에 산다. 계획에 없는 시간을 따로 내어 출근 시간도 빨라졌고 차량 운행도 한 차례 더 해야 했다. 도심에 살다가 농촌으로 들어간 아이어머니의 부탁을 거절하지 못해서였다. 생각보다 힘들었다. 괜히 간다고 했나 싶어 후회도 했다. 그러나 한번 마음먹은 일, 차질 없이 지금까지 아이를 데리러 간다. 이 일이 좋다. 바쁜 일상 속에서 나만의 시간을 즐길 수 있기 때문이다.

길옆으로 농촌 전경이 펼쳐져 있다. 지금은 허허로운 벌판이지만 곧 온몸을 다 드러내어 모를 받아들일 것이다. 지난 일 년, 사계절의 시간을 아이와 함께 성장해가는 논의 일상을 지켜보았다. 마른 논바닥에 물이 채워지고 모를 받아들일 준비에 여념 없겠지. 그러기까지 농부는 논갈이를 하고 또 영양을 주는 수고를 감내해야겠지.

모내기철이다. 어린모는 지켜주고 감싸주던 모판을 떠나야 한다. 논바닥에 뿌리를 잘 내려 안착해야 한다. 그런데 어설프다. 잔바람에도 여린 잎이 이리저리 흔들려 정신이 없다. 안쓰럽다. 며칠이 고비다. 힘든 시간을 잘 참고 견뎌내야 쑥쑥 자랄 것이다.

입학식에서 만난 아이들도 모와 같다. 이제 막 심은 모처럼 연약하기 그지없어 세심하게 돌보지 않으면 안 된다. 입학하고 한 달 정도는 눈코 뜰 새 없이 바쁘다. 아이 마음을 하나하나 다 알아야 한다. 엄마와 헤어지기 싫어 원에 도착할 때까지 울음을 그치지 않는 아이도 있다. 엄마처럼 안아주고 업어주며 달랜다. 혹 실수하여 오줌을 누면 다른 아이들 모르게 얼른 데려가 씻기고 옷을 갈아입힌다. 힘든 안착의 시간이 지나고 어느 사이 아이들은 성큼 자라있다. 서로에게 친구가 되어 같이 놀고 웃으며 적응해간다.

들판의 어린모도 아이들처럼 성큼 자랐다. 바람이 가만있지를 못하고 힘겨루기를 하자며 달려온다. 키가 훌쩍 커버린 모는 흔들거리다가 곧 제자리로 돌아온다. 만만한 상대가 아님을 안 바람이 꼬리를 내리고 슬그머니 도망을 친다.

이제 아이들은 엄마의 품을 벗어나 원에서도 잘 지낸다. 선생님의 보살핌으로 훌쩍 자란 아이들이 야무지게 할 일을 해내니 신기하기만 하다. 하도 울어서 눈이 퉁퉁 부어있던 아이가 울보라는 딱지를 뗐다. 자주 옷에 실수하던 아이도 변기를 사용한다. 늘 밥을 떠먹여 주던 막내도 야무지게 제 손으로 밥을 먹어 기특하다. 율동도 곧잘 하고 노래도 막힘없이 부른다. 쉽지 않겠다 싶던 아이들이 오히려 빠를 때가 있어 나를 놀라게 한다. 어느 사이 스스로 해 나가는 법을 배우고 터득한 모양이다.

지루하던 여름이 지나고 알찬 가을이 왔다. 들판의 벼가 고개를 푹 숙이고 있다. 긴 여름 강한 태풍을 견뎌내고 장마에 전염병처럼 도는 병해충도 이겨냈으니 개선장군이 따로 없다. 곧 농부의 품에 튼실한 알곡을 한가득 안겨주겠지.

여전히 아이를 데리러 농촌 길을 달린다. 바쁜 하루의 시작이지만 오히려 여유라 여긴다. 차창 안으로 스며드는 풀향기가 싱그럽다. 도심을 벗어나 잠시 풍요로운 들판을 바라보는 것이 즐겁기만 하다.

곧 졸업식이다. 그동안 정들었던 아이들과 작별을 해야 한다. 그날은 아무래도 눈물 바람일 것 같다. 아이들을 보내고 나면 한동안 가슴이 먹먹할 테지. 나를 부르는 것 같아 자꾸 돌아보겠지. 숨바꼭질하듯 정글짐에 숨었다가 불쑥 나올 것 같고, 미끄럼틀 위에서 미끄럼을 타고 "쓩"하며 내려올 것 같다. 고장 난 장난감을 가져와 고쳐달라며 나를 찾을 것만 같다.

늦은 시간까지 퇴근을 못 하고 있다. 그동안 아이들이 학습한 교재 하나하나를 빠트리지 않고 개인별로 챙겨두었다. 성장앨범를 펼쳐본다. 생일잔치 날, 야외 학습 날, 어린이날, 크리스마스 날, 가장 큰 행사인 재롱잔치 행사를 담은 사진들이 정리되어 있다. 아이들 사진에서 눈을 떼지 못한다. 어찌 그리 예쁜지. 정말 많이들 컸구나. 어여쁜 아이들 사진을 한 장 한 장 넘기니 처음 만나 힘들었던 시간이 소리 없이 사라진다.

예쁜 그림이 그려진 엽서에 꾹꾹 눌러 쓴 손편지를 앨범에 끼워 넣는다. 수진이에게. 하영이에게. 은우에게. 아이들 얼굴을 차례로 떠올리니 또 눈시울이 붉어진다. 마지막 엽서를 끼워 넣고 앨범을 덮는다. 그리고 기도한다. 알찬 곡식처럼 우리 아이들도 튼실한 열매가 되길 축복하며 두 손에 힘을 모은다.

연적

아무리 찾아도 없다. 잃어버렸으면 어쩌나. 정말 아끼는 물건인데. 발을 동동 구른다. 한눈에 들어오는 큰 물건이 아니라서 더더욱 찾기가 어렵다. 아이 주먹만 한 것이 어디에 숨어버렸는지 알 수가 없다.

눈앞이 깜깜하다. 정지된 듯 옴짝달싹할 수가 없다. 기억이 없다. 어디로 숨어버린 것일까. 절대 아니라고 고개를 저으면서도 대청소 때 휩쓸려 버려졌을지 모른다는 생각에 미치니 진땀이 난다. 입안이 마르고 목구멍이 타들어 간다.

빨리 찾아야 한다. 다시 또 온 집안을 뒤진다. 그러나 없다. 온몸의 기운이 새어나가는 풍선의 바람처럼 빠져나간다. 황당해하실 아버지 얼굴이 떠오른다. 간수 잘하지 못한 나를 원망하는 눈빛을 보낼지도 모른다.

얼마 전, 친정에 갔다. 인사차 들른 것도 있지만 목적이 또 하나 있었다. 아버지가 아끼는 물건을 오늘은 꼭 받아오고 싶었다. 그간 몇 번이나 얘기하려 했지만 용기가 나지 않아 미루고 또 미뤄왔다. 막상 아버지 앞에 앉으니 말문이 열리지 않았다. 두 손에 땀이 찼다. 손을 비비다가 마침내 입을 열었다. 그것을 주시라 했다. 그러나 아버지는 난감한 표정을 지을 뿐 말씀이 없으셨다.

아버지를 정면으로 바라보았다. 굳은 결심을 하고 온 것이니 아버지 마음을 약하게 만들어야 했다. 하나밖에 없는 당신의 외동딸임을 강조했다. 한동안 아버지도 나도 말이 없었다. 침묵하는 동안 숨소리만 크게 들렸다. 속이 탔다. 거절하시면 어쩌나. 우리 부녀 사이가 냉랭해지면 어쩌나 떨렸다. 마침내 지그시 감은 눈을 뜨시더니 물건을 내어주셨다.

가슴이 떨려왔다. 이날을 얼마나 기다렸던가. 어릴 때부터 그 자리에 한결같이 놓여있었다. 나의 관심은 온통 거기에 쏠려 있었다. 정말 갖고 싶었다. 그러나 여태 달라고 말하지 못한 것은 조상 대대로 내려오는 연적이 가보였기 때문이다.

어려서부터 붓으로 글을 썼다. 붓 글을 쓸 때 필요한 것이 연적이다. 그러나 서실에 갈 때 연적을 가지고 갈 수 없었다. 아버지는 집에서 사용하는 것은 허락하셨지만 밖에서는 절대 안 된다고 하셨다. 대수롭지 않은 물건에 민감한 아버지가 이해되지 않았지만 허락하지 않는 것을 굳이 들고 나갈 생각도 하지 않았다. 서실에 그 연적이 꼭 있어야 하는 것도 아니었다. 연적 대신 대용품이 있었기 때문이다. 아이들이 어른들 붓 글 쓰듯이 격식을 갖춘 것도 아니라서 연적까지 사용할 필요는 없었다.

하지만 나는 그것이 좋았다. 아버지께는 귀한 물건이었지만 어린 나에겐 아버지 몰래 꺼내 소꿉놀이할 때 그릇으로 사용했다. 매끈한 것이 손안에 착 달라붙었다. 그 감촉이 좋아서 자꾸 가지고 놀았던 건지 모른다.

흰색 바탕에 청색 꽃무늬 그림이 그려져 있다. 직사각형의 모양으로 바닥을 딛고 서도록 네 귀퉁이에 발이 있다. 작아서 물을 많이 담지 못한다. 그러나 위력은 크다. 물 한 방울이 사람들의 마음을 녹이는 글귀가 되고 그림이 되는 것이다.

가끔 궁금했다. 텔레비전에서 방영되는 진품명품 프로그램을 보면서 우리 집 연적은 얼마의 가치를 지닌 것일까. 의뢰해보고 싶은 생각도 했지만 대대로 내려온 가보를 내 마음대로 보일 수 가 없었다.

여태 자기 물건을 제대로 챙기지 못하는 아이를 크게 혼냈다. 작은 것은 물론이고 비싸고 귀한 물건도 소중하다는 생각을 안 하니 문제 아닌가. 잃어버린 것을 찾아내도록 했고 작은 것이라도 허투루 생각해서는 안 된다고 가르쳤다. 그랬던 내가 소중한 연적을 잃어버렸다. 아버지 얼굴이 떠올랐다. 얼마나 실망하실까. 너에게 주는 것이 아니었다며 크게 노하시겠지.

늦은 시간까지 잠을 못 이루고 생각에 잠겨있던 나는 용수철 튀듯 벌떡 일어났다. 잃어버리거나 깨트릴까 봐 장식장에 내놓지도 못하고 높은 곳에 고이 두었던 장소가 생각났기 때문이다. 손을 뻗어 조그만 상자를 내렸다. 고운 한지를 걷어내니 연적이 눈에 들어온다. 너무 좋아서 펄쩍펄쩍 뛰었다. 깊은 잠에 빠진 남편을 흔들어 깨워 찾았다며 보이고 또 보여주었다.

잠시의 시간이 내게는 십 년의 세월만큼 길었다. 연적을 잃어버렸다고 생각했을 때 가장 먼저 아버지가 떠올랐다. 이 일을 어쩌나. 면목이 없다는 생각밖에 떠오르지 않았다.

볼품없어 보이는 것을 애지중지하는 사람을 여태 이해하지 못했다. 분신인 양 아끼며 쓸고 닦고 매만질 때도 유별나다 생각했을 뿐. 이젠 알 것 같다. 남들에겐 쓸모없고 낡고 작아 보여도 내겐 더할 나위 없는 보물인 것을. 잃어버렸다 찾아서인지 잠시도 눈을 뗄 수가 없다.

연적이 나에게 붓을 들게 하는 오늘이다.

쇠뜨기

완연한 봄이다. 집을 지으면서 텃밭을 만들었다. 텃밭에 이것저것 씨를 뿌렸다. 채소가 자라면 뽑아 먹을 것이라며 잔뜩 기대에 부풀었다. 농약으로 키운 채소가 아닌 무공해 채소를 제대로 먹을 수 있겠다고 생각했다.

일구어 놓은 밭에서 이상한 것이 쏙 올라왔다. 인터넷 검색을 해 보니 쇠뜨기라고 한다. 처음에는 하나씩 싹이 올라왔다. 상추 씨를 뿌린 밭에 쇠뜨기가 먼저 올라왔다. 뽑아서 저 멀리 던져버렸다. 그런데 며칠 지나지 않아 다시 한 곳에 서너 개씩 올라오는 것이다. 자꾸 뽑아내다 보면 없어지겠지. 그런데 뽑으면 뽑을수록 더 많이 나는 것 같다.

도대체 어떻게 뿌리를 내렸을까 궁금하여 땅속 깊이 파 보았다. 그런데 뿌리 끝이 보이지 않았다. 다년생이며 마디 뿌리를 가지고 있어 끊어져도 독립적 생존이 가능하다는 것이다. 잎이 나오기 전 갈색의 꽃대가 먼저 올라오고 그 꽃에서 포자 형태의 씨앗이 떨어지며 바람이나 빗물에 이동하여 개체를 늘이며 습한 땅에 잘 자라는 특징을 가지고 있었다.

햇빛이 잘 드는 곳에 더 잘 자란다. 그 까닭에 윗부분만 제거해서는 안 되고 뿌리 파기로도 안 된다. 생명력과 번식력 또한 강해 햇볕을 차단해야 한다는데, 그것도 쉬운 일이 아니었다.

어느 사이 텃밭이 아닌 쇠뜨기밭이 되었다. 무와 상추가 쇠뜨기에 자리를 내어주는 이상한 꼴이 되었다. 주인인 채소들은 자기 집을 내어준 채 쇠뜨기의 눈치를 봐야 했다. 집안을 침범해도 가만히 있다. 내 살을 파고들어도 참아야 했다. 언젠가는 내 집을 되돌려 줄 것이라 생각하면서 멀찍이서 기다리고 있다.

하지만 쇠뜨기는 눈치는커녕 당당하게 남의 집을 자기 집인 양 온통 차지하고 있다. 주인 마냥 기세등등하다. 사투를 벌여서라도 꼭 주인에게 집을 되돌려 주어야겠다고 마음먹었다. 올라오는 놈마다 호미질로 제거하기 바빴다. 힘겨루기 하는 것이 최선이라 생각하고 매일 뽑고 또 뽑았다. 생각뿐 제거가 다 되기는 버거웠다. 점점 지치기 시작했다. 비 오고 바람 불어서 며칠을 그냥 두었다. 그런데 일이 나고 말았다. 그 사이 쇠뜨기밭이 되었다. 이젠 제거하려니 상추와 무가 같이 뽑혔다. 농사를 다 망칠 지경이었다. 그렇다고 다른 채소 때문에 제초제를 칠 수도 없고 난감했다. 쇠뜨기 제거 때문에 힘들다고 옆에 농사짓는 할머니한테 얘길 했더니 전부터 그 밭에 쇠뜨기가 많았다고 하셨다.

지금 보니 원래 주인은 쇠뜨기였다. 채소들이 점령하고부터 쇠뜨기의 집이 허물어지는 것을 혼자 감내하며 힘든 싸움을 견디고 있었던 것이다. 사람들의 무분별한 개발로 자연은 원래의 모습이 허물어지고 인공적인 모습으로 변해갔다. 개발이 되지 않았으면 푸른 초원에 쇠뜨기는 쇠뜨기대로 자랄 것이고 여러 가지 풀들은 초원의 낙원이 되어 짐승들이 마음대로 뜯어먹고 신나게 뛰어놀 수 있었을 것이다

그동안 쇠뜨기를 일망타진한다는 일념으로 무조건 뽑은 것이 슬며시 미안해졌다. 그래서 쇠뜨기도 자랄 수 있는 공간을 만들어 주었다.

"무분별한 개발로 자연을 해치지 말아줘. 여긴 내 집이야!"

쇠뜨기의 항변이 귀에 쟁쟁하다. 그동안 몸부림치며 외치는 소리를 귀담아듣질 않았던 게 못내 미안하다. 쇠뜨기가 몸에 좋은 약초라 한다. 한낱 잡초에 불과하다고 생각했는데 의외였다. 우리나라는 물론 세계 여러 나라에서도 약초로서 많은 관심을 받고 있다니. 농사를 짓는 나에게는 방해꾼이요 천하에 둘도 없는 천덕꾸러기라 여겼는데. 천대했던 쇠뜨기를 있는 그대로 보기로 마음을 바꿔 먹었다.

오늘도 쇠뜨기는 여기저기 키 재기를 하며 쑥쑥 올라오고 있다.

안개꽃

겨우 숨을 돌린다. 소나기를 만난 것처럼 온 몸이 젖도록 이리저리 뛰다보면 어느 새 저녁이다. 침이 마른다. 입에서는 단내마저 난다. 잠시 넋을 놓고 있다가 정신을 차린다. 무슨 일을 먼저 하고 빨리 마무리 지을 것인가 생각해본다.

가족에게 있어선 난 주연(主演)이다. 그러나 강력한 스포트라이트를 받는 화려함이 없다. 남편도 아이들도 무슨 일이든 내게 미룬다. 내가 없어서는 안 될 일이다. 언제든 나서길 바라고 기대를 한다. 그래서 난 늘 바쁘면서도 그들로부터 보내오는 메시지를 거부하지 못한다.

요구사항도 많다. 어떤 때는 어느 한쪽에 숨어 주연 자리를 벗어버리고 싶을 만큼 힘들 때도 있다. 그런데 마냥 싫지는 않다. 그들이 못해서 쩔쩔매는 일은 내가 나서야 하니까. 어려운 일을 척척 해내는 바람에 식구들이 환호성을 지르면 나는 은근히 어깨에 힘을 주기도 한다.

오늘도 어쩔 수 없이 많은 일들을 처리하기에 바쁘다. 정말 바쁘다. 세탁을 하여 다림질해야 하고, 김치도 담가야 한다. 여기저기 어지럽혀 놓은 물건들을 제자리에 정리하면서 송공송골 맺힌 땀방울을 닦아낸다.

어느 정도 추스르고 나서 주위를 둘러본다. 한 구석에 놓아 둔 화분이 눈에 띈다. 말라비틀어진 채 흙덩이만 끌어안고 있다. 화분도 고급스럽지만 꽃은 어느 꽃보다도 예쁘고 화려했다. 단연 주연이었다. 그래서 주위의 식물에 부러움을 샀다. 여러 식물들이 그 꽃을 더욱 돋보이게 만들었다. 그러나 주연의 몫을 끝까지 다하지 못했다. 꽃이 피어 있을 때는 모든 것들의 부러움을 사고 눈길을 받았는데, 꽃이 져 화려함을 잃어버리자 시선은 곧 거둬지고 말았다. 꽃은 주인의 손길을 애절히 기다렸다. 그러나 쳐다보는 이가 없었다. 주인의 손길을 기다리다 지쳐 꽃은 서서히 말라간 것이다.

못내 미안한 마음에 꽃집으로 달려간다. 비어 있는 화분을 채우기 위함이다. 꽃집은 각양각색의 나무와 예쁜 꽃들로 가득하다. 날 기다렸다는 듯 은은한 향기를 뿜어낸다. 자태도 곱다. 꽃집이 이래서 좋은 건가 보다. 보는 이로 하여금 온갖 시름을 다 잊어버리게 하는 묘한 마력을 지녔다. 잃어가던 정서를 다시 갖게 하고 바쁜 중에도 여유를 갖게 한다. 뭣 하러 이곳에 왔는지도 잠시 잊어버린다. 아름다운 꽃에 눈길을 뗄 수가 없다. 눈을 감고 진한 향기를 맡는다. 강하지만 신선하다. 모두 가지고 싶은 욕심이 인다.

주문을 받은 꽃바구니가 주인 손에서 거의 완성되어 간다. 장미꽃이다. 내가 참 좋아하는 꽃인데, 정말 매혹적이고 아름답다. 화려하고 탐스럽다. 그런데 장미를 둘러싼 안개꽃이 오늘따라 눈에 들어온다.

안개꽃은 화려하지 않다. 강렬한 색깔로 자랑하지도 않는다. 한 줄기에 여러 꽃송이가 달려 있음에도 시기하지 않는다. 서로 위로하며 살아가는 것이다. 그런 안개꽃이 마음에 와 닿는다. 평상시엔 예쁜 줄 몰랐는데, 수수하다. 자꾸 눈길이 간다. 보면 볼수록 끌린다. 그러고 보니 안개꽃이 꽃집에선 약방의 감초라는 생각이 든다. 모든 꽃에 잘 어울린다. 그래서 장미와도 화합하고, 카네이션과도 잘 어울렸구나 싶다. 주연보다는 한 걸음 뒤에 물러선 조연, 그래 안개꽃은 조연이구나. 주연의 자리를 빛내주는 조연들의 묵묵하고 튀지 않는 삶을 생각한다.

사람들은 매혹적이고 정열적인 장미가 되고 싶어 한다. 나 역시도 화려한 장미이고 싶다. 그런데 오늘 보니 장미를 감싸주는 안개꽃의 은은함도 멋스럽다. 안개처럼 조용히 수더분한 얼굴로 장미를 둘러싸준다면 그 역할도 괜찮지 않은가.

어떤 꽃과도 조화를 이루는 안개꽃 같은 사람이 되었으면 좋겠다. 내가 과연 그럴 수 있을까. 드러나지 않아도 섭섭해 하지 않고 누가 알아주지 않는다고 해서 분해하지도 않고 주어진 삶에 만족하면서 조연처럼 살아가는 그런 삶. 안개꽃처럼 살아가는 것도 괜찮으리라. 화려한 주연도 정말 빛나지만 그 주연을 위해 보조를 맞춰주는 조연도 아름다운 삶이란 생각이 든다.

난 여태 내가 주연인 줄 알았다. 그런데 알고 보니 조연이었다. 남편을 내조하는 아내, 자식을 보살피며 어머니라는 역을 맡은 조연이었다. 남편과 아이들 뒤에 가려진 나, 그 조연의 역할을 충실히 해낼 것이다. 마음이 모처럼 날아갈 것 같다.

화분에 새 꽃을 담아오면서 덤으로 한 다발의 안개꽃을 가슴에 안고 집을 향한다.

송엽국

두 해전, 알고 지내던 지인의 집 정원을 보러 갔다. 이름도 모르는 꽃이 눈에 들어왔다. 꽃송이가 어찌나 탐스럽고 예쁜지 눈길이 계속 그 꽃에 가 있으니 키워보라며 제법 많은 양을 솎아주었다. 뽑아낸 자리가 휑할 만큼 빈자리가 생겨 미안함도 있었지만 갖고 싶은 욕심에 사양하지 않고 챙겼다.

영산홍을 심고 남은 공간에 송엽국을 심었다. 욕심껏 가져왔어도 정원의 반을 채우지 못했다. 인터넷을 검색하여 꽃을 주문했다. 원래 이름은 송엽국이다. 사철 피어서 사철채송화라고도 불린다. 정원에 심어 놓으면 잘 자랄뿐더러 번식력이 좋다고 하니 호감이 더 갔다.

빈자리에 빠짐없이 송엽국을 옮겨 심고 살폈다. 아침 일찍 일어나 정원에 나갔다. 소문만큼 잘 번지지 않은 걸 보니 번식력이 그다지 좋은 것도 아닌 모양이네. 흙이 안 좋은가? 영양제를 주어야 하나? 혹시 질이 떨어진 품종이었나? 급한 성격에 걱정부터 앞섰다.

두 해가 지났다. 봄부터 추위가 오기 전까지 피고 지고 또 피어 어느새 정원의 안주인이 되었다. 원래 목적은 영산홍을 심고 남은 자리를 메꾸기 위해서였다. 그랬던 송엽국은 봄에 잠깐 피고 지는 꽃보다 오래도록 피어 있어 사람들의 이목을 사게 되고 보는 이의 눈을 즐겁게 했다. 예쁜 마음이 앞섰다. 나날이 뿌리가 깊어가고 정원에 송엽국이 주를 이루었다. 아름다움에 빠져 다른 꽃은 눈에 들어오지도 않았다.

그런데 문제가 생겼다. 송엽국이 정원을 가득 채우더니 길가까지 번져나갔다. 난감했다. 영산홍을 비롯하여 먼저 심어 자라고 있던 꽃나무들을 위협하기 시작했다. 자리를 잡고부터는 제 터인양 온 화단을 누비고 다녔다. 견디다 못한 영산홍은 말라갔다. 무분별한 자리 차지로 생명까지 위협받으며 송엽국 사이에 끼어 고사당할 위기까지 왔으니. 귀한 대접할 때는 언제고. 이젠 천덕

꾸러기가 되었다. 하루빨리 해결하지 않으면 안 되었다. 무더기로 핀 곳을 집중적으로 솎아 이웃들에게 나눠 주었다. 미안했지만 나머지는 풀밭으로 던져버렸다. 무자비할 정도로 솎아내니 정리가 되어갔다. 원래 주인인 영산홍이 힘들까 하여 과하게 번식하지 못하도록 노심초사 조절하고 있다.

장마다. 하늘에 구멍이 난 건지 쉼이 없다. 그만 왔으면 좋으련만. 이제 더는 받아들일 수 없을 정도다. 습기에 온몸이 늘어져 흐느적거린다. 물을 너무 머금어 금방이라도 터져버릴 것 같다. 늘어뜨린 육신은 살아 있어도 만신창이가 되었다. 겨우 숨만 쉰다. 쏟아지는 비를 온몸으로 맞으며 더는 버틸 수 없다고 손사래를 친다.

긴 장마로 정원이 엉망진창이 되었다. 잡풀은 있는 대로 뿌리를 내려 영역을 넓히려 들고 기세등등하던 송엽국은 장마에 짓이겨 몸을 제대로 가누지 못하고 죽어 나갔다. 물이 싫다며 몸이 터져 죽을 지경일라 호소한다. 역시 나는 때를 잘 못 맞추는 모양이다. 열심히 솎아서 마구 내버려 개체 수를 줄여놨더니 장마를 견디지 못하고 군데군데 빈자리를 만들었다.

강한 줄만 알았는데 습함에 꽃도 잘 피워내지 못한다. 뜨거운 태양 아래 잘 견디더니 많은 비에는 속수무책이다. 맑은 날이 되어도 쉽사리 회생하지 못하고 있다. 머리 부분이 허옇게 변했다. 손을 대니 후드득 떨어져 나간다. 그간의 고충을 짐작하니 마음이 아프다.

오랫동안 하던 일을 접고 새로운 일을 시작했다. 지인들이 아쉬움에 한마디 한다. 예전 일이 천직이니 다시 돌아오라고. 한때는 그 일을 천직이라 여겼고 평생 하리라 마음먹었다. 그러나 너무 힘이 들었다. 조금은 느슨할 줄도 알고, 한걸음 물러설 줄도 알아야 하는데 원리원칙대로만 하려 했다. 그러하니 주위의 사람들이 얼마나 힘들었을까. 일에 무리가 가고, 심한 간섭은 마음에 상처를 주고 결국 나 자신에게까지 과부하에 걸려 몸과 마음이 상했다.

송엽국이 끝까지 사랑받지 못하고 내쳐진 것은 군락을 이루어 가면서까지 남의 자리를 탐내서일까. 그 자리에 있었으면 계속 사랑을 받았을 텐데 뻗어나가려는 습성 탓에 오히려 자신의 자리마저 잃게 된 것은 아닐는지.

새롭게 시작한 일이 나쁘진 않다. 지난날의 나를 이미 내려놓았으니 세상 바쁠 일도 어려울 일도 없다. 이젠 순리대로 받아들이며 그저 묵묵히 주어진 내 일을 하고 있을 뿐이다.

지루하던 장마가 가고 이글거리는 태양 빛이 정원에 내리면 영산홍도 송엽국도 머리를 맞대고 있을 성싶다.

이별 연습

며칠째 우리 집 주위를 어슬렁거리고 있다. 제대로 먹지 못했는지 바짝 말라 있다. 측은하다. 얼마나 많은 시간을 방황하며 지냈을 것인가. 오랜 시간 씻지 않아 꼬질꼬질한데다 하얀 털이 누렇게 되었다. 몸집도 작고 까만 점이 박혀 있어 그리 밉상은 아니다. 심하게 사람을 피하지 않고 경계심이 그다지 없는 걸 보니 사람의 손길을 받은 아이 같다. 그러다 주인의 사정상 버려졌거나 아니면 집을 나왔다가 길을 잃고 떠돌이가 된 모양이다.

목줄도 없이 여기저기 제 맘대로 뛰어다니는 강아지를 보며 문득 갇혀 있는 것보다 지금이 더 자유롭지 않을까 싶은 생각을 해 본다. 구속받지 않고 마음대로 돌아다니니 그것이 더 행복일

지도 모를 일이다. 보호한다는 명목 아래 그들이 만든 굴레에 나의 의지와 상관없이 살아가야 하는 슬픈 운명의 삶을 사느니.

먹을 것도 챙기고 나름 강아지에게 정을 주니 곧잘 따른다. 걷기 삼아 동네를 한 바퀴 도는데 종종걸음으로 나를 따르고 있다. 납작 엎드려 쓰다듬어 달라는 듯 나를 향해 격렬하게 꼬리를 흔든다.

오래전, 개를 기른 적이 있다. 아이들이 강아지를 기르고 싶어 했다. 직장 일에 집안 살림에 아이들 양육까지 하느라 허리가 휠 정도였는데 강아지라니 말도 안 된다며 단호히 잘랐다. 유독 개를 싫어했다. 하지만 아이들의 끈질긴 설득에 넘어가고 말았다. 그래, 이왕이면 아이들 정서에 도움을 주고 또 고운 추억을 만들어 주기로 했다.

품종이 좋다는 강아지 한 마리를 분양해 왔다. 새끼다 보니 대책이 없었다. 천방지축이었다. 예쁘고 귀엽기만 할 줄 알았는데 여기저기 똥오줌을 누는가 하면 밤새 울어댔다. 목욕시키는 것도 일이었다. 목욕샴푸로 씻기고 털을 말리고 뒤처리까지 하고 나면 온몸은 땀범벅이고 힘이 빠져 드러누울 지경이었다. 길들이는 것도 어려웠고 직장 일에 바빠 시간이 없었다. 생각 끝에 훈련소에 보내기로 했다. 배변 훈련은 기본이고, 사람 말을 잘 따를 수 있도록 차근차근 교육을 받고 돌아오면 훨씬 키우기가 수월하지 않을까 해서였다. 그러면 아이들과도 잘 지낼 것이고, 바쁜 부모의 빈자리를 어느 정도 채워줄 것이라는 기대감도 컸다.

그러나 참담했다. 몇 개월 훈련을 끝내고 집으로 데려오는 순간 헛일이었음을 알았다. 훈련받은 일은 까맣게 잊었는지 막무가내 제 맘대로였다. 강아지에서 제법 덩치가 커져 성견처럼 굴었다. 힘이 세져서 아이들도 품에 안고 놀기엔 버거웠다. 방안에서 키우기가 벅차 개집을 밖에 두어야 했다.

그러던 어느 날, 개집이 난장판이 되어있었다. 개 짖는 소리가 시끄럽다며 누군가가 그렇게 만든 것이다. 아마도 개 역시 매를 맞았을 것이다. 아무리 짐승이라고 해도 이렇게 할 수 있을까. 묶어놓은 데다 집이 작으니 어디 도망도 못 가고 고스란히 매 맞았을 것을 생각하니 가엾고 불쌍해서 눈시울이 붉어졌다.

잠을 이룰 수 없었다. 내내 생각에 잠겼다. 우리 집 환경도 문제였다. 넓은 공터도 없는 겨우 몇 평 남짓 마당에 강아지가 살아가야 할 것을 생각하니 안쓰러웠다. 더구나 좁은 개집에 목줄까지 하고 있으니 얼마나 갑갑하고 힘들 것인가. 덩치가 커갈수록 뛰고 싶은 본능에 맴을 돌고 또 돌 것인데. 한밤의 울음소리는 또 어떠할 것인가. 갈수록 이웃들에게 원성만 더 살 것 같았다.

결정을 내렸다. 마당이 넓고 생활하기 좋은 본래 집으로 보내기로. 아이들도 나도 깊은 정이 들었고 가족처럼 지내왔으니 이별이 쉬울 리 없었다. 며칠 내내 눈물을 흘리며 밥도 더 챙겨주고 같이 보내려 시간을 내었다. 한동안 강아지가 떠올라 일이 손에 잡히지 않았고 마음도 허전했다. 나도 그러한데 아이들은 말해 무엇 할까. 어르신들 얘기가 사무친다. 드는 정은 몰라도 나는 정은 안다더니 가고 나니 새록새록 생각나면서 어디서 개 짖는 소리만 나도 순간 우리 집 개인가 했다.

마트에 들른다. 사료와 몇 가지 간식을 카트에 담는다. 꼬리를 흔들며 나를 따르던 강아지에게 뭐든 먹이고 싶어서이다. 동네를 떠나지 않고 계속 맴돌고 있어 여기서 상주라도 하려는 걸까, 아니면 주인을 기다리는 걸까. 주인이 나타나 얼른 데리고 갔으면 하는 바람이지만 여전히 혼자 떠돌아다니며 나를 졸졸 따라온다.

시간이 자꾸 가고 주인은 나타나지 않고 고민에 빠진다. 기를까? 아니야 일도 많은데 하며 고개를 흔든다. 나보다 더 잘 보살펴줄 사람이 나타나길 바라본다. 사랑받으며 잘 살아갈 수도 있을 터인데 온전히 사랑을 주지 못하면서 억지로 키우는 것은 아니라는 생각이 든다.

고민 끝에 유기견 보호소에 전화를 했다. 자초지종을 얘기했더니 데리러 온다고 한다. 케이지에 실려 가는 강아지의 뒷모습이 사라지지 않는다. 또 이별을 하는구나. 마음이 여간 찡하지 않다. 하루빨리 새로운 주인의 품으로 돌아가서 사랑받으며 잘 살았으면 좋겠다.

'강아지 밥그릇을 치워야 하는데.

다육이

오랫동안 했던 일을 접었다. 일을 놓았으니 편하려니 했는데 하루가 채 지나지 않아 가슴이 허전해 왔다. 집안일을 하면서도 늘 해왔던 직장 일이 자신도 모르게 떠올라 일이 더뎌졌다. 직장 일을 잊어버리고자 낮잠도 청해보고 느긋한 식사도 하며 애써 여유를 부려보았다.

일을 놓은 지 일주일째다. 가만히 있는데도 어깨가 결리고 머리가 지끈거리며 아프다. 결혼하고 바로 일을 시작하여 지금까지 온 터라 몸도 마음도 제대로 돌볼 여유가 없었다. 그 여파가 고스란히 남은 건 아닌지 걱정되었다. 마음이 편하지도 않다. 여유가 있다 보니 오히려 생각이 깊어진다. 뭔가를 시작해야겠다는 마음이 들었다. 안절부절못하고 일거리가 없다는 것에 불안감마저 들었다.

그간 일과 육아를 같이 하며 정신없이 보냈다. 이젠 아이들도 내 손길이 필요하지 않을 만큼 성장했다. 갑자기 쓸모없는 인간이 되어버린 것 같다. 딱히 갈 곳도 없고 바쁘게 할 일도 없다. 이렇게 허송세월하다가 늙어 죽을지도 모른다는 막연한 생각에 가슴이 답답해 왔다.

천성이 가만히 있지를 못하는 성격인 모양이다. 무슨 일이든 해야 했다. 집에서 일거리를 찾던 중 베란다를 정리해 보자는 마음이 들었다. 여유를 두고 청소를 하지 않아서 오늘은 꼼꼼하게 하자 마음 먹었다. 베란다 한구석에 신문지로 둘둘 말아놓은 게 눈에 띈다. 무언가 싶어 펼쳐보니 앙증맞은 작은 도자기들이다. 매년 한 번씩 체험학습으로 아이들과 함께 공방에서 만든 작품들이다. 화분과 화병, 토끼와 강아지 형상을 한 토우도 있다. 순간 이것들을 진열하고픈 마음이 생겼다. 화병엔 장미꽃을, 화분에 작은 식물을 심자는 생각을 하며 꽃집을 찾았다.

아름다운 꽃과 식물들이 가지런히 진열된 옆으로 앙증맞은 것들이 눈에 들어왔다. 신기해하는 내 곁으로 주인이 바짝 다가서

더니 '다육이'라고 했다. 작고 연약해 보이지만 잎만 떼 내어 다시 심기를 해도 뿌리가 내려 잘 산다는 것이다. 갈등할 필요 없이 다육이를 화분 수에 맞춰 사 왔다.

요즘 나는 다육이한테 푹 빠졌다. 마음 둘 데 없던 내게 일이 생긴 것이다. 매일 다육이를 들여다보는 것이 나의 일상이 되었다. 아이를 돌볼 때처럼 다육이를 챙겼다. 하루에도 몇 차례 베란다를 들락거렸다. 아침에 일어나면 제일 먼저 하는 일이 다육이를 보는 것이다. 아이들처럼 밤새 어디 아픈 곳이 없는지 두루 살펴보았다.

다육이를 키우는데 온 정성을 들였다. 어린아이와 다를 바가 없다. 사랑이 없으면 안 되는 거였다. 다육이는 물을 적게 먹으며 온도에 민감하다. 비가와도, 너무 더울 때도, 추울 때도, 습도가 높을 때도 신경 써서 물을 주어야 한다. 봄, 가을은 보름에, 겨울은 한 달에 한 번 정도 주는 것이 좋다고 한다.

흙이 마르는 게 안쓰러워 자꾸 물을 주다 보니 뿌리가 썩었다. 다육이의 특성을 잘 몰라 대책 없이 물을 많이 준 탓이었다. 정성 들여 키웠는데 시름시름 앓기 시작했다. 잎이 시들어갔다. 화분 밑을 파보니 뿌리가 통째 썩어있었다. 내 마음도 탔다. 아무래도 소생할 것 같지 않다. 아이를 잃은 것 같이 한동안 가슴이 먹먹했다. 때론 모른척하면 잘 자랄 것을, 잘 키운다고 정성을 들여 햇빛으로 옮겨 잎들을 떨어뜨리기도 했다.

다육이는 자리를 옮기는 것도 조심스럽게 해야 한다. 분을 갈고 난 후 바로 물을 주면 안 된다. 뿌리가 썩을 수도 있어서이다. 그래서 일주일을 지켜보고 그 후에 물주기를 한다. 햇빛을 좋아해도 한여름 직사광선은 다육이 잎을 타게 만들고 뿌리가 뜰 수 있으니 조심해야 한다.

어떤 지인이 다육이는 게으른 사람이 키워야 한단다. 왜냐고 물어보니 물을 자주 안 주어도 잘 크기 때문이란다. 그런데 키워보니 그게 아니다. 다육이는 물만 자주 안 줄 뿐이지 아기처럼 보살펴야 하니 여간 신경이 쓰이는 게 아니다.

이십 년여를 교육과 보육 일을 했다. 처음 일을 시작할 때만 해도 실수도 하고 서툴러 어려움이 많았다. 다육이에게 물을 너무 많이 주어 뿌리를 썩게 한 것처럼 과잉 사랑을 준 것이다. 지나친 사랑은 모자람만 못하다고 했다. 너무 원하는 것만 많이 주어 제대로 커 가지 못하게 만들었다. 아이들도 성격에 맞추어 키워야 하는 것처럼 다육이도 선인장의 특성에 맞게 키워야 한다는 것을 깨달았다.

하나둘 모인 다육이가 어느 사이 베란다를 가득 채우고 있다.

자연이 부르는 소리

'꽃 골'이라는 동네를 찾았다. 천연염색을 하는 곳이 있다는 얘길 듣고 무작정 찾아 나선 것이다. 묻고 또 물어서 겨우 입구에 다다르니 풍경들이 예사롭지 않게 느껴졌다. 천연의 재료들이 널려있어서였을까. 화려하지 않으면서도 포근하고 수수한 자연의 풍경들이 정겹게 날 반겼다.

염색작업을 하는 그녀의 첫인상은 소박하고 순수해 보였다. 정갈하면서도 분위기가 있어 나도 모르게 눈빛은 그녀의 몸짓을 따라갔다. 처음 대하는 나를 어색함 없이 친구처럼 손을 잡아주었다. 기분이 좋았다. 그녀의 친절함에 끌려 염색을 꼭 배워보리란 마음이 들었다.

천연염색이란, 말 그대로 자연 속에서 얻는 갖가지 재료로 천에 물을 들이는 것이다. 무엇보다도 자연 친화적이라 화학섬유에서 얻을 수 없는 친근감을 느낄 수 있었다. 또 우리 민족의 미적 정서가 그대로 배어 있는 데다 금상첨화로 피부병을 유발하는 유해 성분으로부터 건강을 지켜준다니 얼마나 좋은가.

주변에 있는 온갖 식물의 꽃과 열매가 다 물감이다. 그것에서 얻어지는 오묘한 색상이 매력을 끈다. 여러 가지 재료를 섞어서 각종 색상을 나타낼 수도 있으며, 같은 재료라 하더라도 양이나 매염제의 종류, 물들이는 반복 횟수, 천의 재질에 따라 색깔의 염도가 달라지니 새로운 색상을 만나는 기쁨 또한 더한다.

염색에 대한 기본 상식을 얘기하는 그녀의 설명에 귀를 기울인다. 물들이기 전에 천을 깨끗하게 하는 작업을 정련이라 한다. 견직물은 부피가 작고 가볍다. 그래서 직조 과정에 있어 표백제나 화학 풀을 많이 첨가하지 않기 때문에 정련이 그다지 까다롭거나 힘이 들지 않는다. 반면, 면직물을 정련하는 시간이 길어지기 때문에 무엇보다도 일하는 사람의 정성과 노력이 필요하다.

정련하면서 화학 성분의 심각성을 뼈저리게 느꼈다. 광목은 아침저녁으로 뜨거운 물을 갈아주며 일주일 정도 정련 과정을 거친다. 사오일 간은 심한 표백제 냄새가 나고 누렇게 썩은 물이 계속해서 나온다. '이제까지 저런 옷을 입고 있었구나.'라는 생각을 하다 보니 정련할 때만큼이라도 세제나 화학 성분을 첨가하기보다는 다소 힘이 들더라도 따뜻한 물을 계속 바꾸어 주는 방법이 여러모로 좋지 않을까 싶다.

정련된 천을 말려놓았다. 그 사이에 솥을 깨끗이 씻어 염색재료를 넣고 한참을 삶았다. 이물질이 들어가면 고운 색상이 나오지 않기 때문에 최대한 깨끗하게 해야 한다.

비교적 쉽다는 실크스카프를 염색하기로 했다. 천은 뜨거운 염색물 뒤집어쓰기를 여러 번 반복한 후 비로소 완성되었다. 말려서 다린 스카프는 멋진 나의 첫 작품이 되었다. 은은한 색깔이 뿌듯함과 함께 즐거움으로 다가온다. 이 세상에 내가 만든 단 하나뿐인 스카프는 정성을 들인 만큼 귀한 물건이 되었다.

사실, 선물을 받았다면 더 좋고 화려했을 것이다. 하지만 이렇게 의미 있는 스카프가 되지는 않았을 것이다. 남들이 보기엔 그저 그럴지라도 내가 만든 작품이니 마구 자랑하고픈 마음뿐이다.

천연 염색은 대체로 색이 은은한 것 같다. 그래서 천연염색이 내는 빛깔은 튀지도 않고 수수해서 오래도록 싫증이 나지 않는 모양이다.

문득 이런 생각이 든다. 사람의 경우도 마찬가지가 아닐까. 세월의 흐름을 거스르지 않고 받아들이며 곱게 늙은 사람을 보면 친근감이 든다. 정겹다. 그런데 세월을 거스르며 온갖 치장을 하고 주름살을 펴려 성형한 흔적이 보이면 왜인지 자연스럽지 않다. 처음엔 눈에 확 들어와 아름다울지 모르지만 시간이 지나다 보면 어색하다.

우리 사람들도 인위적으로 꾸며서 만들어내는 모습보다 자연스러움을 오래도록 잘 가꾸고 유지하는 것이 더 좋지 않을까 싶다. 사실 고백하자면, 근래에 눈 주위로 진 주름이 서글퍼 성형을 생각한 적이 있었다. 나이 드는 것이 안타깝고 또 젊음을 유지하고픈 본능 때문이었다. 그러나 늘 마음뿐이었다. 언젠가 시간이 허락되면 해야지 하는 마음을 갖고 있었다. 그런데 오늘 염색을 하면서 이 마음을 버리기로 했다. 자연과 함께 나 또한 거스르지 않고 세월과 같이 가자고.

가끔 자연과 내가 하나 되는 작업을 해볼까 한다. 내가 먼저 자연 속으로 다가서기도 할 것이고, 때론 자연이 날 부르는 소릴 듣기 위해 두 귀를 열어놓을 것이다.

삽수

아들이 결혼하겠다며 아가씨를 데려왔다. 펀치로 세게 한 대 맞은 것처럼 머리가 띵해 왔다. 무슨 일일까. 한 번도 여자 친구를 만난다는 말이 없었기에 찰나에도 오만가지 생각이 들었다.

아들은 올해 서른이다. 예전에 철학관에 가서 아들 사주를 본 적이 있는데, 서른 중반을 넘겨 결혼시키라는 말을 들었다. 그 말도 걸리고 큰아이가 아직 결혼을 안 한 터라 작은아이 먼저 시킨다는 것은 생각지도 못했다.

복잡한 마음에 친구에게 고민을 털어놓자 한마디 했다. 다들 결혼을 안 하려 하거나 늦게 하는 추세다. 하고자 하는 작은아이 먼저 시키고 뒤에 큰아이가 하겠다 하면 그때 시키면 될 일 아닌가. 임자 있을 때 보내야지, 고민을 왜 하냐며 등을 떠민다. 그래, 아들 직장이 있고, 그간 성실하게 적금 부은 돈이 제법 된다니 문제 될 것도 없지.

작은아이를 먼저 보내기로 했다. 양가가 모여 상견례를 치렀다. 웨딩 촬영을 하는 등 결혼 준비가 순조롭게 진행되고 있는데 자꾸 눈물이 났다. 결혼시켜 내보내면 다들 시원하다는데 왜 서운한 마음이 자꾸 들까. 한마디 상의도 없이 저들끼리 웃으며 이것저것 정하는 것을 보며 나만 열외 되는 것 같아 상처였다. 예식날이 다가오니 눈물과 한숨이 길어졌다. 잠을 이루지 못하고 식탁에 멍하니 앉아 못하는 술을 마시며 가슴을 앓았다. 하루 이틀도 아니고 매일 그러고 있으니 보다 못한 남편이 화를 냈다. 털어버렸다 싶어도 아침에 눈을 뜨면 다시 가슴앓이가 시작되었다. 허전하고 텅 빈 마음에 일이 손에 잡히지 않았다.

그즈음 친구가 놀러 왔다. 아들의 결혼을 축하한다며 화분을 담은 상자를 안겨준다. 꽃을 피운 제라늄이 제법 많다. 소일 삼아 키우다 보면 허전함도 채워지고 즐거움이 있을 거라며 잘 키우라 한다. 심드렁한 나는 의욕이 없었지만 그래도 친구가 준 선물이니 키워보자 했다.

거실 창가에 올려둔 제라늄이 햇볕을 받으며 잘 자라고 있다. 자그마한 몸집에서 연신 꽃을 피우니 나도 모르게 입꼬리가 올라갔다. 삽목하는 방법을 배우면서 개체 수가 늘어갔다. 나만의 제라늄 카페를 만들었다. 물 주랴, 분갈이하랴 바빠지면서 아들 생각이 점차 줄어들었다.

본격적으로 제라늄 키우기에 열을 올렸다. 늘어난 화분을 주변 사람들에게 나눠주기도 하고 또 새로운 품종은 분양받았다. 정신없이 제라늄을 키우다 보니 카페 안이 온통 화분으로 가득 찼다. 애지중지하며 자식 키우듯 정성을 다하니 어느 사이 우선순위가 되었다.

어느 날, 아들에게서 전화가 왔다. 놀러 온다는 것이다. 꽃이 활짝 핀 제라늄 화분을 들고 있었다. 하트 표시로 도배를 한 리본에 "어머니 은혜 감사합니다."라는 글귀가 적혀있었다. 갑자기 눈시울이 뜨거워졌다.

아들의 학창 시절이 떠오른다. 점점 멀어져 가는 아들 때문에 한동안 힘들었다. 시키는 일은 뭐든 거부하며 겉돌았다. 어르고 달래도 입을 꾹 닫고 듣지 않았다. 너무 화가 난 나머지 심한 말을 하여 깊은 상처를 주었다. 이후로 우리 사이는 벽이 생겼다.

아이는 운동을 좋아했다. 그런데 나는 공부하기를 원하다 보니 맞지 않았다. 대학에 가야 하는데 한가하게 운동하러 다니는 아이가 곱게 보일 리 없었다. 다시 설득해 다른 과로 대학에 갔다. 나의 지나친 참견으로 갈등을 일으켰고 아이를 힘들게 했다. 그 순간을 떠올리면 지금도 마음이 아리고 미안하다.

과한 영양으로 힘들어하는 제라늄을 볼 때 아이의 어린 시절이 생각난다. 싫어하는 것을 과하게 시키니 하라는 것은 안 하고 다른 곳에서 방황하는 아이. 역효과만 나고 돈만 낭비한 것 같다. 아이의 성향에 맞추어 좋아하는 운동을 시키고 재촉하지 않았다면 지금의 아이는 더 나은 성장을 하지 않았을까 싶어 후회가 밀려온다. 아이가 좋아하는 것을 시키기에는 환경이 따라주지 못하였고, 또 큰 아이가 있어서 작은아이에게 몰입할 수 없는 상황이었다. 필요하지 않은 부분을 지나치게 강요하고 구속하지 않았는지 꽃을 보면서 반성해 본다.

그래도 얼마나 다행인지 모른다. 원래 싹싹하고 연한 아들이었기에 툴툴 털고 본연으로 돌아와 무사히 공부를 마쳤다. 곧바로 직장을 잡고 그곳에서 참한 배우자를 만나 결혼했으니.

일찍 카페에 나왔다. 삽목을 하는 날이기 때문이다. 제라늄

모체에서 줄기를 잘라 흙에 심어 뿌리를 내리게 하는 작업이다. 뼈를 깎는 아픔을 겪으면서도 뿌리를 잘 내려 건강하게 자라주길 모체는 염원할 것이다. 잘라낸 삽수를 소독하고 발근제를 바른 후 준비해놓은 흙에 꽂는다. 지금부터가 시작이다. 많은 힘듦이 있겠지만 스스로 이겨나가 건강하게 뿌리 내리는 것은 온전히 제 몫이다.

아들의 살림집은 우리 집과 가깝다. 가끔 밑반찬과 과일을 챙겨 아들을 보러 간다. 아들도 틈틈이 집에 와 일을 봐준다. 내외가 같이 오는 날은 마음이 바쁘다. 멀리까지 가서 장을 봐 와 저녁을 해먹이고 또 가져갈 반찬도 만들어야 하기 때문이다. 그럼에도 콧노래가 나오는 것은 무슨 조화일는지.

마음을 내려놓는다. 둘이 머리를 맞대고 의논해가며 별일 없이 살아가는 모습을 보니 안심이 된다. 며느리한테 아들을 뺏기나 했는데 아니다. 자석처럼 아들 옆에 붙어 있으니 원 플러스 원, 하나가 더 생긴 셈 아닌가.

황금송

요란스러운 새 소리에 잠을 깬다. 알람이 따로 없다. 조금 더 눈을 붙이고 싶은데 일어나라는 그들의 성화에 더는 누워있을 수가 없다. 온몸을 쭉쭉 뻗어 운동한 후 방을 나선다.

우리 집 보물 중 하나인 소나무를 바라본다. 이른 아침부터 가지에 앉아 지저귀는 새들의 휴식처이기도 하다. 가까이 다가서자 일제히 날아오르며 주위를 빙빙 돈다. 내가 물러서면 다시 내려와 가지에 살포시 앉는다. 이른 아침의 일상이다. 요란스럽기는 하지만 과히 나쁘지만도 않다. 해충을 잡아주니 오히려 고마운 손님이다.

전원생활을 즐기고 싶어 터를 보러 다녔다. 여러 곳을 둘러보다가 드디어 마음에 드는 곳을 찾았다. 바다가 훤히 보였다. 부동산 중개인이 산세가 빼어남을 강조하니 더 마음이 끌려 계약을 했다. 훤히 트인 바다를 바라보게끔 집을 앉히자 했다. 집 뒤로 산이 병풍처럼 펼쳐져 있으니 바람도 막아주고 사계절을 가까이서 볼 것이니 금상첨화 아닌가. 이미 마음으로는 한 채의 예쁜 집이 가슴에 자리 잡고 있었다.

하던 일을 그만둔 차에 곧바로 집 짓는 일에 몰두했다. 예전에 생각해 둔 설계를 바탕으로 집을 만들어나갔다. 얼마나 완성되었나 궁금하여 짬을 내어 돌아보았다. 엉성하니 뼈대만 서 있더니 날이 갈수록 집 모양새가 잡혀갔다. 기다리고 기다렸던 아담한 이층집 두 채가 완성되었다.

토목공사를 하고 나서 정원수를 들였다. 좋아하는 과일나무 몇 가지를 심었다. 정원석 사이사이에 영산홍과 예전부터 집에서 길러왔던 메리골드, 페튜니아를 옮겨왔다. 크고 작은 꽃나무를 골고루 심어 화단을 만들었다. 그런데 뭔가 허전했다. 마음에 차지 않았다. 언젠가 정원수로 마당에 큼직한 소나무를 들이면 풍수에 좋다는 지인의 말이 떠올랐다.

마당 가 쪽에 소나무를 앉혔다. 소나무 중에서도 희귀하다는 황금송이었다. 온통 금색인 솔잎이 참하고 아름다웠다. 이 나무로 인해 집이 더 돋보였다. 멀리서 봐도 빛이 나는 듯 반짝였다.

그런데 이게 무슨 일인가. 아름답고 찬란하던 황금 솔잎에 조금씩 녹색이 비치는 것이었다. 시간이 갈수록 황금색보다 녹색이 많아졌다. 멀리까지 발품을 하며 적지 않은 금액을 주고 산 소나무가 가짜였나. 그것도 아니면 큰 병이 들었는가 걱정되었다.

두 계절이 흐른 사이 아예 황금색 솔잎이 사라졌다. 녹색의 보통 소나무로 완전히 변한 것이다. 그래도 희망을 놓지 않았다. 설마, 아닐 거야. 내년이면 다시 황금색이 되겠지. 그러나 나의 기대와 달리 겨울을 보내고 봄이 와도 황금송은 본래대로 돌아오지 않았다.

비로소 심각함을 깨달았다. 소나무 생태를 잘 아는 분에게 조언을 구했다. 깜짝 놀랐다. 그럴 수 있다는 것이다. 환경에 따라 변한다고 한다. 원인을 알고 나니 반문이 인다. 그대로 있었다면 귀한 대접받으며 많은 이들의 사랑을 받았을 텐데 왜 그랬을까. 특별한 나무로 오가는 사람들이 감탄하며 마냥 좋아하지 않던가. 이젠 사람들의 이목을 끌지 못할뿐더러 집에서도 이미 귀한 존재가 아니었다.

당혹스러움과 실망감은 황금 소나무에 가던 애정마저 식게 했다. 그걸 아는지 모르는지 개의치 않고 쑥쑥 커갈 뿐이다. 가지가 제법 튼실해지자 새들이 날아들었다. 제집처럼 드나들며 어찌나 시끄럽게 떠들어대는지. 조그만 몸집의 참새는 가지 깊숙이 들어가 시끄러움을 더 보탠다. 그래도 야단법석 아침을 맞는 것이 참 행복하다.

집 뒤로 병풍처럼 둘러싼 소나무 무리가 보인다. 정겹게 가지를 맞대고 있다. 바람을 막아주며 도란도란 저들끼리 잘 지내는 것 같다. 황금송도 뒷산의 소나무들을 정겹게 바라보며 서 있다. 그간 추레하고 못나 보이던 모양새는 어디로 가고 늠름하게 서 있다.

황금송은 뒷산에 무리 진 그들과 같이하려 한 것이다. 어우러져 살아가려고 자신의 옷을 조금씩 벗어 놓고 주변의 옷 색깔로 갈아입던 중이었다. 그런 깊은 뜻이 있는 줄 모르고 짐작만으로 진짜가 아니라고 의심하고 실망했다.

황금송은 다시 우리 집 귀한 보물이 되었다. 비록 본래의 색깔은 아니지만 늠름한 자태 또한 얼마나 멋있고 우아한지. 주위의 환경에 자신을 맞춰가는 배려와 함께함으로 내 마음에 깊은 깨달음을 주었다. 참 고마운 나무다. 어디 그것뿐일까. 새들의 휴식처가 되어주니 고맙고, 가지를 뻗어 긴 그늘을 만들어 한여름의 더위를 식혀주니 더더욱 고맙다.

황금송, 내 어찌 자랑으로 여기지 않겠는가.

■ 서평

비전환적 표현의 경계 찾기

– 임경희의 《치야인형》에 부쳐서

강돈묵(문학박사, 문학평론가)

1. 들어가기

수필은 작가의 경험을 밑거름으로 하여 창작한다. 작가가 체험한 일상 속에서 의미 부여가 가능한 것을 찾아 해석하고 본질을 찾아 주제도 설정하여 하나의 구조를 만들어낸다. 이때 가장 유념할 것은 체험 자체가 글감이 아니라는 사실이다. 작가가 경험한 바를 줄글로 내리 적어 놓고, 그것이 수필이라 한다면 엉터리도 보통 엉터리가 아니다.

작가가 체험한 일상에서 선택한 것을 문학적 글감으로 바꾸는 일이 가장 먼저 이루어져야 한다. 그다음 글감이 갖는 의미를 찾아내서 작가만의 것으로 만들어 특허를 내는 것이 필요하다. 특허에는 다른 사람이 이미 언급하지 않은 나만의 것이어야 가능하다. 흉내를 내서는 안 된다.

문학은 정신적 작용으로 이루어지기에 반드시 글감에 대한 해석이 없이는 집필할 수 없다. 이 과정을 무시하고 바로 경험만을 기술해 나간다면 현상의 기록에 머물게 된다. 문학은 현상의 기록이 아니고, 본질의 기록이다.

그런데 여기에 문제가 있다. 수필은 태생적으로 있었던 이야기만 해야 하고, 허구가 동원되어서는 안된다는 것이다. 절대 허구가 끼어들어서는 안 된다고 믿기에 수필은 비전환적 표현을 추구한다. 정신적 작용을 요구하면서도 허구를 용납하지 않는 것은 어찌 보면 모순이다. 하지만 수필은 그래야 한다. 즉, 허구는 물리치고, 상상만 허락한다는 점이다.

2. 비전환적 표현의 경계

수필 문단에서 아직도 이 문제에 대해 왈가왈부하는 것은 그만큼 예민한 문제이기 때문이다. 또 학자에 따라서 주장하는 바가 다르기에 성급하게 어느 한쪽에 붙어서 목소리를 키울 수도 없는 실정이다. 그래서 우리 수필가들도 둘로 생각이 갈라져 있는 게 사실이다. 나름 신념을 가지고 자신의 길을 간다면 나름 보기에도 일관성이 있을 것이다.

임경희 수필가는 허구를 용납하지 않는 진솔한 길을 선택하고 있다. 사실에 근거하고 거기에 조금 허구를 가미하여 문학적 효과를 거둘 수도 있는데, 한 발도 내딛지 않고 있다. 골문을 지키는 골키퍼나 된 듯 철저히 지키고 있다. 어느 글에서도 허구가 등장한 흔적이 나타나지 않는다. 원래 수필은 비전환적 표현이라는 태생적 특성에 충실히 의존하여 글을 쓰고 있다.

> 마음이 좀 가라앉았나 보다. 어쩜 이리도 둥글둥글 예쁠까. 크고 작은 돌이 포개고 포개어 서로를 토닥토닥 안아주는 것 같다. 모난 것 없이 매끈매끈하다. 이렇게 되기까지 얼마나 많

은 시간을 깎이고 깎이며 닳고 닳아 둥글납작해졌을까. 한 덩어리였던 큰 돌이 파도에 쓸려 부딪히면서 깨지고 또 깨져 지금의 모양을 갖추었을 터. 처음부터 둥글둥글은 아니었을 것이다. 모난 돌 조각과 조각이 서로 부딪히면서 크고 작은 생채기를 내며 얼마나 아팠을까. 그런 중에도 서로 안아주고 쓸어주며 상처를 치유했겠지.

– 〈몽돌〉에서

바닷가 몽돌밭에 가면 수많은 몽돌이 서로 둥근 얼굴을 비비며 웃고 있다. 저 돌이 지금은 동글동글하지만, 예전에도 그랬을까. 커다란 바윗돌이 서로 부딪히며 깨지고, 부서질 때마다 모서리의 날카로움이 날아간다. 파도에 밀려 지속해서 부딪히면 언젠가는 모난 곳은 모두 사라지고 둥근 외형을 갖추게 된다. 이것은 허구가 아니고 실지 그렇게 변하게 된다.

본래 수필은 작가가 찾아낸 본질에 의미를 부여하여 형상화하는 문학이다. 작가는 몽돌이 되는 과정에서 인간의 삶을 찾아낸다. 몽돌의 갈고 닦음과 사람의 갈고 닦음은 전혀 다르지 않다. 모난 성격도 세상살이하며 유순해지고 세상을 부드럽게 인식하는 사람으로 바뀐다. 인간의 되어 감을 자연의 현상에 빗대어 표현하였다.

작가는 모난 돌이 몽돌이 되기까지 서로 부딪히며 생채기를 낼 때마다 전율한 아픔을 기억한다. 그리고 서로 안아주며 보듬었을 몽돌의 관계 설정을 떠올린다.

그러면서도 인간은 자기중심적이기에 공깃돌 놀이를 하면서 손등에 남은 몽돌로 자신의 생명을 점친다. 욕심이 발하여 여러 차례 반복하면서 손등의 몽돌을 자기 생명에 보탠다. 백 알이 넘는 몽돌로 자신의 생명을 연장한다. 좀 전까지 '뭐 하러 사나?' 하며 신세 한탄을 했는데 저절로 웃음이 나온다. 이게 인간인가 보다.

이 작품들이 그냥 생긴 건 아니다. 그동안 얼마나 바늘에 찔려 피를 흘렸는지 모른다. 붉은 피가 하얀 천에 뚝뚝 떨어질 땐 나도 모르게 눈물이 흘러내렸다. 그래도 잠시였다. 볼품없는 천에 불과했던 조각조각들이 나의 손을 거쳐 여러 가지 작품으로 탄생할 때의 기쁨은 손에 난 생채기의 아픔을 충분히 감싸주고도 남았다. 첫 작품에서 오늘 만든 작품까지 차례로 배치를 해 본다. 갈수록 태가 나고 맵시도 좋아 보인다. 해냈다는 자신감이 나를 미소 짓게 만든다.

딸도 나도 새로운 도전을 위해 서툰 걸음마를 시작하고 있다. 언젠가는 씽씽 달릴 그 날이 멀지 않았음을 생각하며 오늘도 딸은 연필로 쓱쓱 문제를 풀고, 나는 재봉틀로 드르륵 드르륵 작품의 모양새를 잡아간다.

– 〈걸음마〉 마무리 부분에서

조각만 따로 떨어져 있으면 무엇 하나 쓰임이 없다. 각각의 조각들이 제 위치에 연결되어 하나의 작품이 만들어진다. 결코 하루아침에 이루어지는 것이 아니다. 많은 시간을 들여 만들어진 작품들이다. 인내심이 없으면 할 수 없는 퀼트. 천 조각 하나라도 규칙과 질서에 어긋나면 작품이 되지 않는다.

– 〈퀼트〉에서

앞의 글 〈걸음마〉는 겁이 많고 소심했던 딸아이가 갖은 노력 끝에 대학을 수석 졸업하고 대학원에까지 진학하는 모습을 보며 자신도 홈패션에 도전한 이야기다. 전혀 재봉틀을 만져보지 못한 상태에서 시작하여 하나씩 익혀가는 과정이 눈에 보듯 그려져 있다. 세상 어느 일이 어렵지 않은 게 있으랴. 바늘에 찔리기도 하고, 재봉한 실선이 제 맘 대로일 때 느껴야 했던 불안감도 있다. 무슨 일이든 과정의 고통이 없을 수 없고, 그 고통의 정도가 심할수록 기쁨은 크다는 것을 독자에게 내보인다.

다음 글 〈퀼트〉는 조각난 천을 바늘로 기워 작품을 만드는 모습을 잘 그려줬다. 제각기 따로 일 때는 아주 쓸모없던 것도 함께 어우러지면 소중한 물건이 된다. 이 작업을 하려면 인내심이 필요하다. 아주 긴 시간을 두고 바느질에 전념해야 하고, 집중력도 있어야 한다. 퀼트의 작업을 하며 체험한 것을 그대로 글감으로 사용하고 있다. 허구가 들어올 틈을 주지 않는다. 작가는 이러한 과정에서 많은 것을 깨닫는다.

세상의 모든 것들은 제자리에 가 있을 때 그 가치가 있다. 엉뚱한 곳에 혼자 있을 때는 소용없는 것도 하나의 구조 속에서 위치를 확보하면 나름의 의미가 있다. 그 자리를 찾기 위해 인간들은 무수한 시간을 할애한다. 그리고 아무리 혹독한 고통이 밀려와도 좌절하지 않고 인내와 끈기로 극복해야 한다. 이러한 작업은 정해진 순서를 따라야 하고 그 사회가 요구하는 질서와 규칙을 철저히 지켜나갈 때만 가능하다.

우리의 삶도 이와 같지 않을까. 어떤 삶을, 어떻게 살아갈 것인지는 각자의 노력에 의해서 이루어진다. 그 삶을 위해 인간들은 세심한 계획을 세우고 실행에 옮긴다. 누구에게나 다 똑같은 것이 아닌 나만의 자리를 찾아 자신의 적합도도 가늠해 본다. 만약 잘못된 자리라면 한시바삐 제자리로 돌아오는 노력도 해야 한다. 그래야 자신이 처한 사회에서 낙오되지 않는다.

역시 작가는 글감에서 얻은 의미에 허구를 끌어들이지 않고 비전환적 표현에 몰두한다.

3. 가족, 그 울타리

작가 임경희는 생활인이다. 가정을 가지고 살고 있고, 생업을 위해 학원도 운영하고 있다. 철저한 생활인이다. 밖으로 활동을 하다 보면 가정에 소홀하기 마련이지만, 작가 임경희는 그렇지 않다. 어느 구석에든 구멍이 뚫리지 않는다. 그러나 가슴에 박힌 사연은 그의 행동에 커다란 의미를 부여한다.

어머니의 모습은 흡사 누에의 형상이었다. 머리칼이 다 타 버려 흉했다. 거기다가 흰 약을 발라놓으니 영판 누에 같았다. 끔찍해서 눈 뜨고 볼 수가 없었다. 어머니는 오랜 기간 동안 화상 치료를 받았다. 살이 차 오르기까지의 변화를 지켜보면서 징그럽고 험악해서 얼굴을 돌리기도 수차례였다. 몇 번이나 변하는 어머니의 등은 누에가 한잠자고 또 다른 단계의 모습으로 변하기 위해 허물을 벗는 듯했다. 본래의 매끈하고 부드러운 어머니의 등을 다시는 볼 수 없었다. 세월이 흐르니 그때서야 어머니가 목숨을 건졌다는 게 얼마나 천만다행이었는지 깨닫게 되었다.

날씨가 궂은 날은 고통이었다. 등이 쓰리고 가려워서 몹시 괴로워했다. 상처가 아물어도 벅벅 긁는 일은 일상사였다. 안쓰러움에 형제들이 돌아가면서 등을 긁어드렸고, 어머니는 연신 팔 아프다며 그만 두게 했다. 그러면서도 얼마나 시원해 하시던지.

– 〈허물벗기〉에서

작가의 모친은 농촌에서 누에를 치셨다. 그러던 중 집에 불이 나서 심한 화상을 입었다. 그 어머니의 등을 볼 때마다 작가는 누에를 떠올린다. 화재 직후 어머니는 심한 화상으로 목욕탕에 가기도 꺼리셨다. 당신의 그 험한 흉터를 남들에게 보이기가 부담스러웠을 것이다. 화재 사고로 흉칙했던 상처를 치료하는 데도 오랜 시간이 걸렸다. 그 상처를 이따금 보게 될 때마다 작가는 고개를 돌린다. 차마 바라볼 수 없다. 어머니 등의 상흔은 영락없는 누에였다. 다섯 번 잠을 잘 때마다 허물을 벗는 누에처럼 어머니의 상처는 살갗이 벗겨졌다.

누에는 다섯 번 잠을 자고 허물을 벗을 때마다 몸뚱이가 자란다. 허물 벗는 아픔을 견뎌내야 비로소 비단을 짤 수 있는 명주실을 뽑아 고치를 만든다. 고치를 다 만들고 나면 다음 세대를 위하여 깊은 잠에 든다.

어머니의 등은 궂은날을 정확히 안다. 쓰리고 가려워서 견디기가 힘들다. 상처가 아물었어도 긁지 않을 수가 없다. 안쓰러움에 자식들이 긁어드리면 '팔 아픈데 그만하라'신다. 감내하기 어려운 고통이 밀려와도 자식 걱정이 먼저이고, 정작 당신을 위해서는 배려하지 않으시는 어머니. 작가는 누에에서 어머니의 삶을 읽고 있다. 모든 고통을 참으면서 오롯이 고운 비단을 뽑아내는 누에처럼 어머니 역시 견디기 어려운 아픔 속에서도 참고 자식만을 키우셨다.

> 과한 영양으로 힘들어하는 제라늄을 볼 때 아이의 어린 시절이 생각난다. 싫어하는 것을 과하게 시키니 하라는 것은 안 하고 다른 곳에서 방황하는 아이. 역효과만 나고 돈만 낭비한 것 같다. 아이의 성향에 맞추어 좋아하는 운동을 시키고 재촉하지 않았으면 지금의 아이는 더 나은 성장을 하지 않았을까 라는 후회가 밀려든다. 아이가 좋아하는 것을 시키기에는 환경이 따라주지 못하였고, 또 큰 아이가 있어서 작은 아이에게 몰입할 수 없는 상황이었다. 필요하지 않은 부분을 지나치게 강요하고 구속하지 않았는지 꽃을 보면서 반성한다.
>
> – 〈삽수〉에서

흔히 과잉보호는 아니 함만도 못하다고 한다. 차라리 제 홀로 성장하게 두었더라면 독립심이라도 길러 제대로 성장할 수 있었을 텐데, 그러지 못한 육아와 교육에 대한 후회를 적은 글이다. 아들을 결혼시키며 그동안 어미로서의 회한을 적었다.

이런 작가의 회한을 제라늄에 빗대었다. 제라늄을 키우다 보니, 지나치게 과잉보호하여 병이 들었다. 지나친 정성이 한 목숨을 죽음에 이르게 했다. 기온에 맞추고 날씨를 유념하여 거름도 주고 물도 공급해야 하는데 너무 자주 제공했다. 열대성 식물인 제라늄에 수분을 과잉 공급하였으니 목숨을 앗는 결과를 초래한 것이다.

아들을 결혼시키며 갖는 어머니로서의 회한이 절절하게 느껴진다. 작가 임경희는 자식을 사랑하는 마음을 꾸밈없이 그렸다. 늘 가슴 안에는 가족이 똬리를 틀고 있다.

4. 자연, 내가 살 둥지가 있는

작가 임경희는 그 흔한 아파트 주민이 아니다. 전원에 집을 짓고, 바다의 풍광을 즐기며 자연 속에서 삶을 영위한다. 그 까닭에 늘 친자연적이다. 한순간 짐승들의 귀찮은 행동에 짜증을 부리다가도 종내에는 마음을 바꾸고 그들과 공존의 길을 선택한다.

오래전 이곳은 짐승들의 터전이었다. 전원마을이라는 이름을 걸고 개발이 시작되기 전까지 전망 좋은 곳이라는 명목으로 개발에 박차를 가했고 그 바람에 짐승들은 터전을 잃고 쫓겨났다. 그럼에도 원래부터 내 땅이야 하며 물 마시러 오고 배고파 먹을거리를 찾아 날아드는 그들을 무작정 쫓아내기만 했다. 그동안 까마귀의 행동은 내 터전이고 내 집이니 돌려달라며 항변한 것은 아니었을까. 갑자기 미안해진다. 먹을 것이 많은데 어지럽힌다고 목소리를 높인 내가 진정 적반하장이었나 싶다. 이젠 까마귀에게도 한 곳을 내주어야겠다고 생각해 본다.

– 〈까마귀〉에서

우람한 체구에 검은 털 색, 그리고 날카로운 울음은 절로 섬뜩하게 느껴진다. 그 소리가 음울한 빛을 띠고 야릇하게 출렁이면 공포스럽기 그지없다. 그러면서도 인가 근처에 기거하며, 사람들이 버린 음식물을 주로 취하니 생활권은 언제나 공유하는 셈이다. 참새처럼 날아들 듯 사라지면 모르겠으되 덩치도 있어 자주 눈에 밟히는 까마귀.

어려서부터 가지고 있는 인식은 흉조인데, 작가의 인식을 한꺼번에 무너뜨리는 일을 접하게 된다. 연일 인간답지 못한 사건에 가슴이 아렸던 작가는 제 동료의 주검을 지키고 있는 까마귀를 보면서 인간임을 부끄러워한다. 묻지 마 범죄, 남 탓 일색인 인간, 사람이 사람을 무서워해야 하는 세상을 사는 작가는 까마귀에게 송구할 뿐이다.

내가 사는 여기는 원래는 짐승들의 삶터였다. 인간들 삶의 질을 높이기 위해 전원주택을 짓지만, 실은 그들의 보금자리를 앗아버린 꼴이다. 까마귀가 전원마을을 찾아드는 것은 제 삶터에 오는 것이니, 인간이 내몰 일이 아니라는 것이다. 작가가 가지고 있는 자연관이 드러나는 대목이다. 자연은 인간의 것이 아니고, 인간이 소유할 일도 아니라는 관점이다. 자연과 인간이 공존하는 방법은 없는 것일까. 결국 한 곳을 내어주자는 주장이다.

천연 염색은 대체적으로 색이 은은한 것 같다. 그래서 천연 염색이 내는 빛깔은 튀지도 않고 수수해서 오래도록 싫증이 나지 않는 모양이다.

문득 이런 생각이 든다. 사람의 경우도 마찬가지가 아닐까.

> 세월의 흐름을 거스르지 않고 받아들이며 곱게 늙은 사람을 보면 친근감이 든다. 정겹다. 그런데 세월을 거스르며 온갖 치장을 하고 주름살을 펴려 성형한 흔적이 보이면 왜인지 자연스럽지가 않다. 처음엔 눈에 확 들어와 아름다울지 모르지만 시간이 지나다 보면 어색하다.
>
> – 〈자연이 부르는 소리〉에서

천연염색을 시도한다. 처음 배우는 것이다. 이론과 실제를 터득해 가면서 많은 생각을 한다. 강사가 들려주는 이야기 속에서 많은 삶의 이치를 깨닫는다. 모든 것은 원 바탕이 깨끗해야 하고 그를 위해 노력해야 한다는 것. 염색에서도 천을 깨끗하게 해야 모든 물이 예쁘게 들기에 정련에 힘쓴다. 부피가 작고 가벼운 견직물은 정련이 수월하나, 면직물은 시간이 많이 소용되고 정성과 노력이 많이 요구된다.

광목을 정련하면서 많은 시간과 노력이 동원됨을 알게 된다. 그리고 이 작업에는 많은 표백제가 사용되기 때문에 고약한 세제 냄새와 화학약품 냄새도 견뎌내야 함을 경험한다. 그리고 지금껏 이런 옷을 입고 있었다는 사실에 절망한다.

이렇듯 자연 속에서 순리에 따라 얻어지는 색은 부드럽고 편안한데 억지로 힘을 가해 얻어지는 결과는 무리가 따름도 터득한다. 무리하게 얼굴에 칼을 대어 고치거나 순리를 거스르며 욕심을 부리면 화를 피할 수 없음에 귀가 열린다. 자연의 소리가 귀로 다가선다.

5. 생활인의 흔들리지 않는 궤적

생활인 임경희 수필가는 아주 평범한 주부이다. 작가라 하여 티를 내는 법이 없다. 난 체하거나 다른 사람과의 차이를 들고 나는 사람이 아니다. 보통 주부나 다름없이 가정 경제의 중요성을 인식하고 있다. 하지만 예민하지는 않다. 다른 주부와 같이 하루 세끼면 만족한다. 그리고 그런 사소한 살기를 가계부에 기록하며 가정의 안정과 편안을 꿈꾼다. 그러기에 시아버지의 낡은 가계부에 의미를 부친다.

> 그런데 점점 남편에게서 아버님의 모습이 보이니 참 아이러니다. 살림살이에 참견 한번 없던 사람이 자꾸 잔소리를 한

다. 부엌에 와서 하는 잔소리는 귀에 딱지가 앉을 판이다. 냉장고에 있는 음식을 제 때에 못 먹으면 버린다느니, 잔소리는 극에 달한다. 이러쿵저러쿵 일일이 따져 물으니 부아가 난다. 나도 잘못했음은 인정한다. 나이를 먹으니 일에 지쳐 손을 못 쓸 때가 있어 버려지는 것도 제법 된다. 하지만 그런 것은 눈감아 줄만도 한데 지나치지 못하는 것을 보면 아버님 아들이 확실한 것 같다.

— 〈낡은 가계부〉에서

돌아가신 시아버님의 방을 정리한다. 어디 하나 흐트러진 곳이 없이 철저하게 정돈되어 있는 책꽂이에서 낡은 가계부를 발견한다. 펼쳐보니 힘주어 쓴 시아버님의 글씨체가 정겹다. 그리고 원 단위까지 정확하게 적은 기록을 보면서 시아버님을 추억한다. 하루도 거르지 않은 가계부, 근검절약하셨을 모습이 눈에 선하다.

아흔여섯이 되도록 한 번도 흐트러짐 없이 사신 분. 그분 아래서 성장한 남편은 지나친 간섭과 절약이 불만이었고, 야박한 아버지를 절대로 닮지 않겠다고 다짐까지 하였다. 그런데 지금은 그 아버지의 흉내를 내는 듯이 보이니, 딱하기 그지없다. 수

돗물 절약, 전기 절약…, 작은 일에서부터 잔소리이니 작가의 불만이 터진다.

겉으로는 불만이라 했지만, 글 전체에 흐르고 있는 것은 아버님에 대한 신뢰이고, 남편에 대한 신뢰이다. 그러기에 작가는 '아버님의 낡은 가계부가 새것으로 바뀌어 남편에게로 쭉 이어가면 참 좋겠다.'고 고백한다.

> 아버지에겐 천천히 걷는 것도 사치였는지 모른다. 힘든 삶을 잘 살아온 아버지였기에 지금의 내가 존재하는지도 모른다. 때론 강하게 때론 여린 아버지의 속내를 알게 된 것은 내 아이들을 키우면서였다. 그런 아버지를 생각하는 내 마음은 우리 아이들이 커감에 따라 비례했다. 자식 키우는 일이 어디 예사인가. 얼마나 힘들고 애가 타는지 절절이 느끼면서 더해갔다. 아버진 부드러운 분이 아니었다. 약속한 일은 철저하게 이행하셨고, 만약 누구든지 어기면 엄한 벌이 내려졌다. 비록 엄하셨지만, 속마음은 아니었다. 세심하게 챙기며 두루 살피는 분이셨다. 잘못엔 가차 없어도 잠든 뒤에 비로소 쓰린 상처

를 어루만지며 마음 아파하셨다.

— 〈새벽을 여는 사람들〉에서

작가에게 있어서 '새벽'은 특별한 시간이다. 수필집 여기저기에서 만나는 '새벽'은 건강하게 살아가는 사람들만이 소유할 수 있는 시간이다. 새벽을 달리는 사람의 등은 우람하게 보인다. 작가 역시 그 대열에 끼기를 소망한다.

이른 아침 대문 앞에 나왔다가 신문을 배달하는 소년과 마주친다. 아직 어린 나이인데 힘겹게 신문을 돌리는 모습을 바라보면서 측은지심에 빠진다. 그리고 이내 한 소년을 소환한다. 작가의 아버지다. 아버지는 중학생 때 상경하여 고학했다. 객지에서 일하며 학교에 다니기는 쉬운 게 아니었다. 학비를 벌어야 했고, 끼니마저도 스스로 해결해야 했다. 새벽부터 시작한 하루의 일과는 늦은 밤 전철 안에서 끌어안은 신문을 모두 팔아야 끝이 났다. 그것으로도 모자라서 짬만 되면 중국집 배달까지 하였다.

작가는 아버지를 추억하면서 한평생 자식들에게 강인했던 모습을 지울 수가 없다. 그 아버지를 닮고 있는 자신이기에 작가는 지금도 그의 삶을 존경한다. 겉으로는 강한 척해도 안으로는 여리기 그지없었던 아버지. 그 아버지의 피가 내 몸에 흐르고 있음에 자랑스럽다. 근검절약이 몸에 짙게 배어 있던 아버지를 추억하며 감사하는 것은 이 때문이다.

6. 삶, 끝없는 성찰

하루는 너무 더러워 세탁기에 빤 적이 있었다. 아이는 놀다가 지쳤는지 잠을 자려고 '치야 인형'을 찾았다. 못 본 척하며 동태를 살폈더니 온 집안을 찾아다니는 것이었다. 결국 찾지 못하자 아이는 막무가내로 울음을 터트렸고 펄쩍펄쩍 뛰며 안절부절 못했다. 울음을 그치게 하기 위해 어쩔 수 없이 서둘러 탈수를 했다. 수건으로 인형을 말아 밟고, 선풍기에 말리고, 또 다리미로 다리고 하여 안겨주었다. 아직 덜 말라 축축했지만, 아이는 기어코 눅눅한 인형을 안고서야 잠이 들었다.

'치야 인형'이 나의 바쁜 손을 움켜잡고 놓아주질 않는다. 그리고 나의 바꾸기 작업에 항변한다. 편리함과 깨끗함만을 원해 이것저것 다 갈아 치우는 내 행동에 차단기를 내리려 한다. 버려지기 위해 여기저기에서 끌려나온 것들의 앞에 서서 내게 궐기하고 있는 것이다.

– 새것만 찾지 말아요. 깊은 정이 든 것들인데…….

– 〈치야 인형〉에서

집안 분위기를 바꾸기 위해 침대 커버를 바꾸고, 밝아진 분위기에 설복되어 커튼과 벽지마저 교체하기로 한다. 도배를 위해 살림살이도 끄집어내고, 장롱 속의 불필요한 물건도 정리하게 된다. 처음에야 침대 커버 하나였지만, 일이 커져 집안 전체의 분위기를 바꾸게 된다. 장롱을 정리하다 보니, 큰아이가 가지고 놀던 '치야 인형'이 눈에 들어온다.

순간 큰아이가 어렸을 때 이 인형에 의지해 잠을 잔 기억이 소환된다. 맞벌이하다 보니 아이는 낮 동안 엄마와 떨어져 있어야만 했다. 엄마 없는 시간을 이 인형에 의지해 견디다 보니, 손에서 전혀 놓으려 하질 않아 세탁도 할 수 없다. 그 시절의 기억이 되살아나 인형을 다시 버리지 못한다.

그러면서 편리와 깨끗함만을 추구해 묵은 물건을 버리려던 작가의 마음에 동요를 일으킨다. 깊은 정이 쌓인 지난 인연을 되살린다. 결국 작가는 간밤에 내다 버린 물건들을 다시 끌어들인다.

어쩌면 이 글은 인간들의 편리만을 추구하는 마음에 경종을 울리는 글 같다. 그래도 그동안의 정을 기억해 달라는 울림이 잔잔히 밀물져 온다.

> 참고 견딘 이십 년 세월, 차분히 생각해 본다. 내가 살아가는데 있어 밀려오는 고통을 인내하는 힘은 결코 그 시절의 훈련과 무관하지 않음을 깨닫는다. 지금 생각하니 진정으로 나를 지탱해 주는 큰 힘의 원천인 것이다.
>
> 코치 선생님 생각이 난다. 어쩌면 퇴직을 하고 손자를 돌보고 계실지도 모른다. 만나보고 싶다 따뜻한 눈길로 나를 바라보실 것 같다. 나 또한 흘겨보던 눈빛은 어느새 사라지고 정말 반가운 마음에 덥석 손을 잡을지도 모른다.
>
> – 〈마음 열기〉에서

작가는 학창 시절 탁구 선수였다. 매일 반복되는 혹독한 훈련으로 몸은 파김치가 되었고, 강인한 체력을 위한 코치의 담금질은 지독한 육체적 고통으로 이어졌으며, 나약함을 보일 때에는 살벌한 체벌이 가해졌다.

그때마다 작가는 탁구가 싫어졌고, 코치에게 불만이 쌓여갔다. 더러는 운동에서의 탈출을 위해 뒷동산으로 도망도 쳤다. 궁둥이의 피멍으로 어머니가 항의하여 전학까지 시도하였으나, 그것마저 막겠다는 학교의 으름장으로 주저앉았다. 어쩔 수 없이 탁구 훈련을 지속해야만 하는 괴로운 학창 시절을 보냈다.

결혼 후 학원을 경영하면서 많은 난관에 부딪혔다. 세상의 어느 일이 어려움 없이 이루어지겠는가. 난관에 맞닥뜨릴 때마다 그 순간순간을 이겨내며 고비를 넘겼다.

지금에 와서 생각한다. 그 많은 어려운 고비를 넘길 수 있었던 것은 탁구를 하면서 나약했던 마음이 굳어진 덕이라고. 그토록 원망의 대상이었던 코치에 대해 마음을 열게 되었다는 사연이다. 그래서 지금은 만나면 반가운 마음으로 덥석 손을 맞잡을 수 있겠다는 소회를 적었다.

7. 일상 속에서 발칙하게 본질 찾기

지인에게 전할 선물은 울퉁불퉁하고 못난 귤로 정했다. 매끈하고 윤이 나는 감귤이 훨씬 좋아 보이긴 해도. 소비자가 원하니 좋은 상품을 만들기 위해서는 약을 치고 마지막 단계에서 윤이 나는 광택제를 뿌릴 수밖에 없다고 한다. 게다가 우수 품질이라는 표까지 붙인 감귤이니 가격이 당연히 비쌀 수밖에. 농장 주인의 얘기를 들어보지 않았다면 비싼 귤을 샀을 것이다. 망설임 없이 매끈하지도 않고 생채기투성이인 귤을 과감하게 선택했다. 못생긴 귤은 농약을 전혀 하지 않았다는 설명과 함께 잎과 잎끼리, 가지와 가지끼리 바람이 불 때마다 서로 스치면서 난 생채기로 검게 보일 뿐 알맹이는 아무렇지 않다며 부수적인 설명까지 더하는 농장주의 말에 신뢰가 갔다. 시각적인 면에서 볼품이 없을 뿐이지 상품의 질은 오히려 좋다고 한다. 오늘 수확한 것이니 이삼일 두면 더 숙성되어 지금보다 훨씬 새콤달콤한 맛을 낼 것이라며 미소를 보인다.

– 〈다시 제주도〉에서

여행 중에 기념 물품을 사게 되는 일은 흔한 일이다. 여행지의 특성도 나타내고, 지인들에게 선물도 주기 위해 마련하는 경우가 대부분이다. '이왕이면 다홍치마'라고 관광객들은 빛깔이 곱고, 보기에 예쁜 감귤을 구매한다. 이 같은 인식은 대부분 가지고 있는 생각이다. 그런데 농장주에게서 자세한 설명을 듣고는 좋은 물품에 대한 판단력이 선다. 오히려 약을 치지 않고 출하에 앞서 광택제를 뿌리지 않은 감귤이 더 싸고 맛도 괜찮다는 설명이다. 판매하는 쪽에서야 금액이 비싼 물건을 권할 텐데, 그러질 않고 값이 싼 볼품없는 물건을 권한 데에 신뢰가 간 것이다.

어찌 보면 겉의 아름다움을 먼저 생각하는 세태에 한 번쯤 쓴소리를 한 수필이지 싶다. 사람의 판단에도 외모를 중시하는 우리의 사회에 경각심을 불러일으키려는 작가의 의도가 살짝 숨어 있는 듯이 느껴진다.

> 황금송은 뒷산에 무리 진 그들과 같이하려 한 것이다. 어우러져 살아가려고 자신의 옷을 조금씩 벗어 놓고 주변의 옷 색깔로 갈아입던 중이었다. 그런 깊은 뜻이 있는 줄 모르고 짐작만으로 진짜가 아니라고 의심하고 실망했다.
>
> 황금송은 다시 우리 집 귀한 보물이 되었다. 비록 본래의 색깔은 아니지만 늠름한 자태 또한 얼마나 멋있고 우아한지. 주위의 환경에 자신을 맞춰가는 배려와 함께함으로 내 마음에

깊은 깨달음을 주었다. 참 고마운 나무다.

– 〈황금송〉에서

작가는 전원에서의 꿈을 이룬다. 늘 가지고 있던 꿈의 주택을 짓고, 정원도 만들었다. 그리고 수소문하여 황금송도 구해다가 심었다. 그런데 많은 대금을 지불하고 옮겨온 황금송이 제 빛인 황금색을 잃고, 녹색으로 변해 간다. 이는 틀림없이 가짜이거나 병에 든 것이라 추측한다.

그러던 중 소나무에 대해 잘 아는 사람에게 자문하니, 그럴 수 있다며 환경에 따라 변할 수 있다는 점을ㅁㅁㅁㅁㅁㅁㅁㅁㅁ ㅁ 알려준다.

순간 작가는 멀쩡한 나무를 가짜라고 의심하고 실망한 것 같아 겸연쩍다. 이제는 오히려 주위의 나무들에 가까이 가기 위해 녹색으로 제 옷을 갈아입는 중이라고 생각한다. 황금송이 늠름한 자태로 다가선다. 멋지고 우아하다.

우리가 살면서 진짜를 모르고 가짜로 오인하는 경우는 없을까. 속단하고 멸시한 경우는 또 없을까. 작가는 황금송의 변하는 색을 바라보면서 너무나 조급히 세상을 속단한 지난 세월에서 성찰을 하고 있다.

8. 나가기

이상 작가 임경희의 수필 세계를 살펴보았다. 임경희 작가의 수필에는 그 흔한 허구가 전혀 보이지 않는다. 경계에 울타리를 치고 철저히 지키고 있다. 그러다 보니, 수필이 더욱 현실감을 느끼게 하고 진솔하여 정감이 간다. 이제 데뷔 17년 만에 첫 수필집을 내었다. 조금은 느슨하다는 생각이다. 앞으로 더욱 정진하여 두 번째 수필집은 터울을 길게 잡지 않았으면 한다. 수필의 태생적 특징을 유념한 진솔한 수필집이 바로 독자들을 찾아가길 기대해 본다.

임경희 수필집

치야 인형

인쇄 2023년 12월 5일
발행 2023년 12월 8일

지은이 임경희
발행인 서정환
펴낸곳 수필과비평사
주소 서울시 종로구 삼일대로 32길 36(익선동 30-6 운현신화타워) 305호
전화 (02) 3675-3885 (063) 275-4000 · 0484
팩스 (063) 274-3131
이메일 essay321@hanmail.net
출판등록 제300-2013-133호
인쇄·제본 신아출판사

ISBN 979-11-5933-499-3 03810
값 13,000원

Printed in KOREA